나는 초창기(earliest) 기독교의 예수 이해에 관한 래리 허타도의 방대한 학문적 기여를 간결하게 요약한 이 책을 보면서 애증을 느낀다. 한편으로, 나는 이 책 『아들을 경배함』이 내 학생들의 손에 건네지기까지 기다리기가 어렵다. 이 책에는 그의 모든 탁월한 사유가 담겨 있기 때문이다. 다른 한편으로는, 나는 지난 삼십 년간 허타도가 집필한 모든 책과 글들을 읽어 왔다. 그간 그의 작품들을 읽는 데 내가 얼마나 많은 노력을 쏟았는지 언급할 필요가 있을까? 그런데 이제는 그가 펼치는 사유의 모든 주요 내용을 하룻밤 만에 다 읽고 파악할 수 있게 된 것이 아닌가? 이처럼 한 세대가 쏟은 노력은 다음 세대의 출발점을 이룬다. 그러니 독자들은 이 책을 읽는 것으로 시작하기 바란다. 이 책을 읽은 뒤, 여러분은 일어나 내게 감사를 표하게 될 것이다!

— 스캇 맥나이트, 노던 신학교 줄리어스 R. 맨티 기념 신학과 교수

내가 1990년에 신약 해석의 역사에 관한 수업을 들었을 때, 우리는 예수가 신으로 경배를 받게 된 일이 어떻게 생겨났는지에 관한 빌헬름 부세(Wilhelm Bousset)의 책을 읽었다. 당시 그의 책은 기념비적인 작품으로 여겨졌다. 그런데 같은 과목을 지금 수강한다면, 우리는 부세의 책과 함께 래리 허타도의 책을 읽으면서 이 두 책을 자주 대조해 보게 될 것이다. 이 중대한 사안, 곧 예수가 어떻게 신적인 존재로 인정받게 되었는지를 다루는 허타도의 작업은 초기(early) 기독교를 연구하는 학생들뿐 아니라 예수께 **예배하는** 모든 이에게 핵심적인 중요성을 지닌다. 지금 나는 큰 기대감을 품고, 그가 수십 년간 관련 증거를 꼼꼼히 살핀 내용을 이해하기 쉽게 요약한 이 책을 손에 들고 있다. 나는 내가 가르치는 신학교 학생들뿐 아니라 내가 속한 교회에서 이 질문을 던지는 모든 이에게 이 책을 추천할 것이다.

— 데이비드 A. 드실바, 애슐랜드 신학교 신약학 및 그리스어 석좌 교수

래리 허타도는 초창기 기독교 연구에서 대단히 영향력이 큰 학자이다. 이 책 『아들을 경배함』에는 그의 기본적인 통찰이 담겨 있으며, 여기서 그는 초기의 예수-섬김 현상을 이끌어 간 동력을 드러낸다. 이 현상은 당시 유대교의 신학적 자원들에 의존하면서 로마 세계에 침투했던 사건이다. 읽기 쉬우면서도 풍성한 내용이 담긴 이 작은 책은 모든 독자에게 유익을 줄 '문고판 허타도'이다.

— 브루스 W. 롱네커, 베일러 대학교 종교학 교수

이제 고(高)기독론의 이른 기원에 관한 방대한 논의를 단 몇 시간 만에 마스터할 수 있게 되었다. 신약성서, 유대교와 초기 기독교의 다양한 문헌을 넘나들며 예수 경배의 기원과 독특성을 이토록 간결하고 명징하게 풀어낸 책은 없다. — 권영주, 횃불트리니티신학대학원대학교 신약학 초빙교수

"ut legem credendi statuat lex supplicandi"(기도의 법칙이 믿음의 법칙을 형성한다)라는 유명한 경구처럼 기도의 법칙(예배)과 믿음의 법칙(교리)은 밀접한 관계가 있다. 허타도는 초기 기독교 문헌 속에서 예수 경배의 모습이 어떻게 나타났는지를 보여 줌으로써, 초기 기독교 역사에서 예수가 예배의 대상이었음을 설득력 있게 제시한다. 또한 기독교 예배에서의 예수 중심적 특징이 무엇인지를 설명한다. 이 책은 얇지만 다양한 정보와 학문적 깊이를 갖추고 있다. — 문화랑, 고려신학대학원 예배학 교수

『아들을 경배함』은 믿음직한 책이다. 이 책의 저자인 래리 허타도는 지난 삼십여 년간 한결같이 초기 교회 기독론의 기원, 특히 초기 그리스도인들의 예수 섬김을 집중적으로 연구해 온 노장이다. 그는 유대교 유일신 사상과 관행을 답습해 온 초기 유대 신자들이 어떻게 비참하게 십자가에서 처형을 당한 나사렛 예수를 이스라엘의 참된 하나님 한 분과 더불어 대등하게 경배와 찬미의 대상으로 삼을 수 있었는지를 설득력 있게 보여 준다. 그것도 예수가 죽은 지 얼마(2년?) 지나지 않아서 말이다. 나 역시 저자의 주장에 모두 동의하는 것은 아니지만, 그의 논증은 언제나 탄탄하고 타당성이 있다. 한 학자의 수십 년간의 노력의 집합체라고도 할 수 있는 이 책이 평이한 언어로 독자를 찾아갈 수 있게 된 것은 참으로 놀라운 축복이 아닐 수 없다. 초기 기독교의 신비스러운 기원에 관심이 있거나 궁금증을 갖고 있는 모든 독자에게 이 책을 적극 추천한다.
― 이형일, 『예수와 하나님 아들 기독론』 저자

'예수 경배'가 어디서, 언제 시작되었는지를 탐구해 온 허타도의 삼십여 년 연구의 정수(精髓)가 이 책에 요약되어 있다. 고(高)기독론을 정초하는 그의 결론만큼이나 인상적인 것은, 그 결론에 이르는 과정에서 그가 고대의 자료들과, 그리고 현대의 해석자들과 나누는 성실하고 치밀한 대화의 방식이다.
― 조재천, 전주대학교 신약학 교수

Copyright © 2018 Larry W. Hurtado
Originally published in English under the title
Honoring the Son: Jesus in Earliest Christian Devotional Practice
Snapshots, edited by Michael F. Bird
by Lexham Press, 1313 Commercial St., Bellingham, WA 98225, U.S.A.
All rights reserved.

Translated and used by permission of Lexham Press.

This Korean Edition Copyright © 2019 by Jireh Publishing Company,
Goyang-si, Gyeonggi-do, Republic of Korea.

이 한국어판 저작권은 Lexham Press와 독점 계약한 이레서원에 있습니다. 신저작권법에 의하여 한국 내에서 보호받는 저작물이므로 무단 전재와 무단 복제를 금합니다.

아들을 경배함

초창기 기독교
예배 의식 속의 예수

아들을 경배함: 초창기 기독교 예배 의식 속의 예수
Honoring the Son: Jesus in Earliest Christian Devotional Practice

래리 허타도 지음
마이클 버드 시리즈 편집
송동민 옮김

초판 1쇄 인쇄   2019년 5월 10일
초판 1쇄 발행   2019년 5월 20일

발행처   도서출판 이레서원
발행인   문영이
출판신고   2005년 9월 13일 제2015-000099호

편집장   이혜성
편집   송혜숙, 오수현
영업   김정태
총무   곽현자

경기도 고양시 일산동구 중앙로 1160 오원플라자 801호
Tel. 02)402-3238, 406-3273 / Fax. 02)401-3387
E-mail: Jireh@changjisa.com
Website: Jireh.kr / Facebook: facebook.com/jirehpub

책값은 표지에 있습니다.

ISBN 978-89-7435-516-6 94230
ISBN 978-89-7435-515-9 (세트)

신저작권법에 의해 한국 내에서 보호받는 저작물이므로 저작권자의 서면 허락 없이 이 책의 어떠한 부분이라도 전자적인 혹은 기계적인 형태나 방법을 포함해서 그 어떤 형태로든 무단 전재하거나 무단 복제하는 것을 금합니다.

이 도서의 국립중앙도서관 출판예정도서목록(CIP)은 서지정보유통지원시스템 홈페이지(http://seoji.nl.go.kr)와 국가자료공동목록시스템(http://www.nl.go.kr/kolisnet)에서 이용하실 수 있습니다. (CIP 제어번호: CIP2019013830)

교회를 위한 신학

01

아들을 경배함

초창기 기독교 예배 의식 속의 예수

래리 허타도 지음
마이클 버드 시리즈 편집
송동민 옮김

Honoring the Son
Jesus in Earliest Christian Devotional Practice

이레서원

목차

- 서문 | 10
- 감사의 말 | 18

1장	서론	21
	이 책의 계획	24
	학문적 배경	26
2장	고대 세계의 예배	49
3장	고대 유대교의 유일신론	61
4장	초기 기독교의 '변이'	85

Honoring the Son
Jesus in Earliest Christian Devotional Practice

5장 초창기 기독교 예배 의식 속의 예수 99
　　　기도 102
　　　기원/고백 107
　　　세례 111
　　　성찬 113
　　　찬송, 시, 영적인 노래들 116
　　　예언 119
6장 결론 123

- **부록: 주와 하나님** ｜ 129
- **참고 문헌** ｜ 142
- **주제와 저자 색인** ｜ 155
- **성경 색인** ｜ 160

서문

래리 허타도의 책 *One God, One Lord*(한 하나님, 한 주)[1]에 관한 추천사에서, 마르틴 헹엘(Martin Hengel) 교수는 다소 예언적인 말을 남겼다. 출판사의 광고문에 실린 그의 글은 이러했다.

매우 유익하고 흥미로우며 혁신적인 이 책에서, 저자는 여러 나라의 전문적인 학자들이 연구한 결과물을 능숙한 솜씨로 한데 모으고 있다. 어떤 면에서 이 학자들은 새로운 '종교사학파'(Religionsgeschichtliche Schule)를 이룩하는 중이다. 근래에 나온 책 가운데, 나는 이 책처럼 초기(early) 기독교에 관한 이해를 증진시켜 주는 책을 본 적이 없다.

실은 헹엘 자신이 이 새로운 종교사학파의 형성에 중심적인 역할을 했다. 이는 그가 여러 글을 통해 유대교가 예수 출생 이전부터 이미 여러 세기에 걸쳐 헬라화되어 왔다는 것, 그

---

[1] Larry W. Hurtado, *One God, One Lord: Early Christian Devotion and Ancient Jewish Monotheism* (Philadelphia: Fortress Press, 1988).

리고 예수에 의해, 예수를 기반 삼아 형성된 그 운동이 이식되고 번성할 풍부한 토양을 제공한 것은 이방 종교들이 아니라 고대 후기의 유대교 운동들이었다는 것을 설득력 있게 주장했기 때문이다.

헹엘의 말이 예언적이었던 이유는 우선 그의 말에 진실이 담겨 있기 때문이다. 당시에는 신약학 분야에서 뚜렷한 변화가 일어나고 있었다. 헹엘 이전의 학자들은 당시에 이교의 영향력이 '교회' 안으로 밀려들어 왔고, 이런 영향력이 그 공동체의 기독론을 형성하는 핵심 요인이 되었음을 전제하면서 논의를 시작하곤 했다. 그러나 홀로코스트 이후에 생겨난 이 학파는 고대 후기의 유대교 운동들에 관해 그들과는 달리 좀 더 너그러운 견해를 보였다. 곧 허타도를 비롯한 많은 학자들의 경우에 제2성전기 유대교를 깊은 쇠퇴기에 빠진 종교로 간주하기보다, 오히려 당시 예수께 속한 공동체의 예배와 영적인 삶에 영양분을 공급해 준 원천으로 여겼던 것이다.

하지만 헹엘의 말이 예언적이었던 이유는 그의 말이 이 새 학파의 주요 인물로 부상하게 될 한 학자의 책에 관한 것이었기 때문이기도 하다. 사실 허타도의 작업은 다른 어떤 학자의 작업보다도 유대인-이방인의 공동체에서 초기 기독교의 예수 섬김을 낳은 원동력과 요인들에 관해 의견 일치가 형성되는 데 더 많이 기여했다고 볼 수 있다.

빌헬름 부세가 20세기 초반 독일에 기반을 두고 활동했던 종교사학파의 주도적인 인물이었다면, 래리 허타도는 새로운 세대의 학자들을 이끄는 주요 인물이 되었다. 허타도는 자신이 출간한 수십 편의 글과 여러 권의 중요한 책에서, 기독교의 기원에 관해 가장 중심적인 질문 중 일부를 다루었다: 예수의 추종자들은 언제, 어떻게 그를 신적인 존재로 여기고 예배하기 시작했는가? 유대교의 유일신론은 초기 그리스도인들이 예수에 관해 생각하게 된 내용에 어떻게 기여했는가, 아니면 이를 어떻게 방해했는가? 이 새로운 운동이 창시되는 데에 그들의 종교적 체험은 어떤 역할을 했는가? 이에 더해 허타도는 매니토바 대학교와 에든버러 대학교에서 한 세대의 학생들과 학자들을 지도했으며, 그들은 이런 질문들을 묻고 답하는 데 이런저런 방식으로 기여했다. 자신을 위한 기념 논문집을 헌정받는 학자들은 많지 않다. 하지만 허타도의 경우에는 그런 논문집이 두 권이나 된다. 그중 한 권은 그의 동료들이 썼으며(이 중에는 그의 견해에 동의하는 이도, 그렇지 않은 이도 있다),[2]

---

[2] David B. Capes et al., eds., *Israel's God and Rebecca's Children: Christology and Community in Early Judaism and Christianity* (Waco, TX: Baylor University Press, 2008). 사실 이 논문집은 래리 허타도와 앨런 F. 시걸(Alan F. Segal)을 기념해서 만들어진 것이다. 시걸은 유대인 학자이며, 허타도와 함께 초기 고기독론 클럽을 창립한 회원이다.

다른 하나는 그의 제자들이 쓴 것이다.[3]

허타도는 초기 고기독론 클럽(the early high Christology club)의 창립 회원이다. 이 클럽은 다양한 배경을 지니고서 여러 대륙의 다양한 기관에 소속해서 활동하는 학자들의 비공식적인 모임이다. 이 '회원'들은 모두 이런저런 방식으로, 신적인 기독론이 이른 시기에 유대인 그리스도인들 사이에서 생겨났다는 것을 주장한다. 곧 그 기독론은 기독교가 수십 년, 또는 수백 년에 걸쳐 그리스-로마 세계의 관념들에 동화된 결과로 생겨난 산물이 아니라는 것이다. 그리고 허타도는 자신의 연구와 더불어 학생들을 지도하고 동료들에게 조언하는 일들 가운데서 이런 논의의 개척자 역할을 감당해 왔다. 최근에 그리스도-섬김의 주제에 관한 그의 모든 글이 한 권의 책으로 묶여 출간되었으며, 이 책은 '초기 기독교 총서'(Library of Early Christology)로 불리는 새 시리즈의 토대가 되었다. 이는 그의 연구가 지닌 중요성을 더욱 강조해 준다.[4]

이 책에는 기독교의 기원이 지닌 주요한 측면들, 그리고 아

---

[3] Chris Keith and Dieter T. Roth, eds., *Mark, Manuscripts, and Monotheism: Essays in Honor of Larry W. Hurtado*, Library of New Testament Studies (Edinburgh: T&T Clark/Bloomsbury, 2014).

[4] Larry W. Hurtado, *Ancient Jewish Monotheism and Early Christian Jesus-Devotion: The Context and Character of Christological Faith*, Library of Early Christology (Waco, TX: Baylor University Press, 2017).

마도 가장 중요할 수도 있는 측면에 관해 래리 허타도가 기여한 내용의 핵심이 담겨 있다. 각 문단의 배후에는 허타도 자신이나 다른 학자의 논문 또는 단행본에 담긴 논의의 내용이 있다. 허타도는 그를 지지해 주는 여러 사람들뿐만 아니라 비판자들과도 대화하면서 자신의 주장을 진술해 나간다. 본문의 각주를 자세히 살필 때, 여러분은 일차 문헌과 이차 문헌 모두에서 가져온 풍부한 정보와 함께 이 대화의 흔적을 발견하게 될 것이다. 만일 허타도의 작업을 어떤 식으로 평가해야 한다면, 우리는 이렇게 말할 수 있다. 곧 그의 작업에는 충분한 연구와 명료한 주장이 담겨 있으며, 그는 자신과 의견을 달리하는 이들에게도 관대한 태도를 취한다는 것이다. 그는 모리스 케이시(Maurice Casey), 던(J. D. G. Dunn), 어델라 야브로 콜린스(Adela Yarbro Collins), 바트 어만(Bart Ehrman)이 제시한 일부 주장과 결론을 비판하지만, 다른 한편으로는 그들의 방법론과 접근 방식이 지닌 가치를 인정한다.

 그뿐 아니라 허타도의 작업은 우리가 당시 유대교와 기독교를 포함한 로마 시대의 종교들이 지녔던 맥락을 제대로 이해하는 데 많은 도움을 주었다. 오늘날 대다수의 사람들이 '종교'를 주로 신념 체계로 생각하는 데 반해, 허타도는 여러 증거를 들면서 로마 시대의 '종교'는 신념보다 의식(practice, 儀式)의 문제에 더 가까웠음을 설득력 있게 주장한다. 그리고 로마의 종교들 가운데서 예배만큼 중심적인 위치를 차지하는 의식은 없었다.

기독교인들이 로마 이웃들 사이에서 나쁜 평판을 얻게 된 것은 그들이 행한 일 때문이 아니었다. 오히려 그들이 행하지 않은 일 때문이었다. 곧 그들은 로마 사회를 지탱하던 수많은 신들에게 예배하지 않았던 것이다. (이 점에서는 유대인들 역시 마찬가지였다.) 이에 따라 초기의 그리스도 추종자들은 '무신론자'로 불렸으며, 로마 제국의 안정을 위협하는 명확하고 실제적인 위험 요소로 공표되었다.

결국 허타도의 관점에서 볼 때, 초기 기독교가 다른 종교들과 구별되는 부분은 예수를 합당한 대상으로 삼았던 여러 종교적 관행에 있다. 당시 기독교가 유대교와 구별되었던 점은 부활하신 예수를 하나님과 더불어 예배의 대상으로 받아들인 데 있었다. 그리고 기독교는 유일하고 참되신 이스라엘의 하나님과 그분의 오른편에 앉은 이 외에는 다른 어떤 신에 대한 예배도 거부한다는 점에서 로마 시대의 다른 종교들과 구별되었다. 허타도에 따르면, 기독교의 기원을 이해하기 위해서는 신념이나 교리가 아닌 예배에 초점을 맞추어야만 한다. 그런데 유일하신 이스라엘의 하나님에 관한 이 새로운 관점은 이신론(二神論, 구별되는 두 분의 신을 인정하고 예배하는 것)이 아니었다. 그것은 유대교의 종교 관행에서 생겨난 '변이'였다.

지난 수십 년간, 허타도는 초기 기독교의 의식을 그 모체가 되는 전통에서 생겨난 '변이'로 묘사해 왔다. 하지만 그가 그 용어의 의미를 가장 명확히 진술한 것은 바로 이 책에서이다.

> 여기서 '변이'(mutation)라는 용어는 곧 '모체가 되는' 종교적 전통(이 경우에는 고대의 유대교)과 인식 가능한 연관성을 지닌 동시에, 그 전통과 구별되는 새로운 특징 역시 뚜렷이 드러내는 발전을 가리킨다. 그리고 나는 초기 기독교의 발전 과정에서, '이중적인'(dyadic) 예배 형태가 이룩되었다고 기술해 왔다. 이 형태에서는 부활하신/높이 되신 예수께서 하나님과 함께 실질적으로 의식에 의한 섬김의 공동 대상이 되시며, 독특하고 중심적인 위치를 차지하게 된다. (pp. 85-86)

이전의 많은 글에서, 허타도 교수는 초기 기독교의 예배 형태를 '이위일체적인'(binitarian) 것으로 언급한 바 있다. 하지만 그가 근래에 발표한 글들에서는 더 이상 그 용어를 쓰지 않는다. 후기의 삼위일체 논쟁들 때문에 그 용어는 역사적인 부담을 안고 있기 때문이다. 허타도의 관점에서, '이중적'(dyadic)이라는 용어는 초기 기독교 예배의 핵심적인 성격을 적절히 묘사하는 것이 된다.

간단히 말해, 예수의 첫 추종자들은 하나님이 그들에게 예수를 경배하도록 요구하신다는 것을 확신했다. 이런 확신은 몇 가지 요인에 근거한 것이었다: (1) 예수에 관한 그들의 기억, (2) 하나님이 예수를 다시 살리시고 높이 올려 자신의 오른편에 앉히신 일, (3) 부활절 이후의 예언과 종교적 체험, 그리고 (4) '은사적인 주해'(charismatic exegesis)로 알려진 현상. 이 중 네 번째 요인은 허타도에게는 부차적인 것으로 간주되었지만, 당시의 신자들이 예수의 생애와 죽음, 매장과 부활에 비추어 자신들의 성경(이는 현재 우리의 '구약 성경'과 대략 비슷하다)을 읽고 재해석한 방식은 기독교 형성 과정에서 중요한 요소였던 것으로 입증되었다. 이 은사적인 주해 가운데서, 구약의 이야기들은 새 언약과 새 창조의 틀 위에 다시 배열된다. 이를 통해 예수께서 이스라엘의 이야기에서 주목할 만한 역할을 지니게 됨과 동시에 신적인 이름과 지위를 부여받게 되는 것이다. 허타도는 우리가 초기 기독교의 이 새롭고 놀라운 특징들을 파악하는 데 내가 아는 어떤 학자보다도 더 많이 기여했다.

데이비드 B. 케입스(David B. Capes)
휘튼 칼리지

감사의 말

이 작은 책을 집필하도록 제안해 준 마이클 버드(Michael Bird)와 이 책의 출간 과정을 총괄한 데릭 브라운(Derek Brown)에게 감사를 드린다. (브라운은 내게 박사과정을 지도받은 학생이었다.) 이 책의 시작은 2016년 2월 뉴올리언스 침례신학교에서 개최된 심포지엄에서 내가 발표했던 논문에 있다. 나는 이 책의 출간을 위해 당시의 논의를 상당히 확장했으며, 특히 내 작업의 학문적 배경을 훨씬 더 자세히 설명했다.

독자들도 각주와 참고 문헌을 통해 알게 되겠지만, 예수 섬김(또는 자주 그렇게 언급되듯이 초기의 '기독론')에 관한 연구는 지난 수십 년간 학문적인 노력의 주된 초점이 되어 왔다. 나는 때로 다른 학자들의 논의에 동의하지 않을 때도 있었지만, 그들의 작업을 통해 많은 것을 배웠다. 예수 섬김 현상은 예수가 십자가 처형을 당한 뒤 매우 일찍부터 급격히 나타났으며, 이처럼 놀라운 현상의 유래가 계속 진지한 학문적 관심을 끄는 것은 온당한 일이다. 그리고 이 가운데는 젊은 학자들이 이 주제에 관해 박사 학위 논문을 쓰는 일도 포함된다. 나는 내가 쏟은 노력을 통해 다른 이들이 어느 정도 유익을 얻기를 바라며, 적어도 이에 연관된 질문들을 다루도록 자극을 받기를 희망한다.

이 책에서 나는 예수-섬김에 관한 초창기의 증거들이 말해 주는 바를 그 고대의 증거들을 만들어 낸 이들 자신의 관점과 지적인 범주에서 이해하려고 노력했다. 따라서 내 초점은 역사적인 성격을 띤다. 이후의 기독교 사상에서 형성된 용어들, 곧 고전적인 신조들을 통해 잘 알려지게 된 그 '존재론적' 범주들을 써서 질문을 제기하려 하는 이들은 때로 이런 노력을 불만스럽게 여기곤 한다. 그러나 여기서 초기의 그리스도인들이 예수를 향한 헌신을 표현했던 말과 행동에 초점을 맞춘다고 해서, 이후에 이루어진 신학적 발전들을 배척하는 것은 아니다. 나는 그저 우리가 어떤 문헌들을 읽을 때, 그 문헌이 기록된 당시의 용어와 범주들을 활용하는 것이 중요하다고 생각할 뿐이다. 그 뒤에 어떤 신학적 성찰을 이어갈지는 그 다음 문제이다.

앞서 출간한 여러 글과 마찬가지로, 여기서 내 강조점은 초창기의 예수-섬김이 지녔던 성격을 보여 주는 종교적인 행위들에 있다. 초창기(earliest) 기독교의 역사에서 가장 중대한 사건은 바로 높이 되신 예수가 예배의 대상에 포함된 일이었음을 나는 여전히 확신한다. 이어지는 논의에서는 이런 견해의 근거를 요약적으로 제시하려 한다.

1장

서론

　이어지는 논의에서 나는 다음의 요점들을 제시하려 한다. (1) 고대 로마 세계에서 '종교'의 핵심 표현은 신념이나 고백 문구가 아니라 예배였다. (2) 로마 시대의 폭넓은 종교적 환경 속에서 유대교를 다른 종교들과 구별 지어 준 핵심 특징은 그 의식의 배타성(cultic exclusivity)에 있었다. 이는 곧 이스라엘의 하나님 외에 다른 신에게는 예배하기를 거부하는 것이었다. (3) 이 배타성에는 그저 이방의 신들뿐 아니라 성경의 하나님을 보조하는 존재들에게 예배하기를 거부하는 일 역시 포함되어 있었다. (4) 이런 맥락에서 살필 때, 초창기의 기독교 예배와 종교적 관행에서 예수가 '이중적인' 의식의 형태를 통해 하나님과 함께 경배를 받는 위치에 오른 것은 대단히 주목할 만한 현상이다. 역사적인 측면에서 볼 때, 이 현상은 우리에게 친숙한 기독론적 호칭이나 고백 문구보다도 더욱 중요한 의미를 지닌다. 그리고 (5) 초기 기독교 예배에서 예수가 어떤 위치에 있었는지는 구체적인 행위들을 통해 기술할 수 있다. 따라서 우리는 그에 견줄 만한 사례가 있었는지를 살필 수 있으며, 예수 섬김이 생겨난 유대교 자체의 종교적 배경에 비교할 때 어떤 획기적인 일이 있었는지를 파악하고 확증할 수 있다.

나는 지금까지 35년 이상 이런 문제들을 탐구해 오면서 여러 글을 출판했다. 그 글들은 여러 개별적인 사안이나 작은 증거에 초점을 맞춘 논문에서부터 좀 더 큰 규모의 저서까지 다양하다. 특히 후자의 저서로는 1988년에 낸 *One God, One Lord: Early Christian Devotion and Ancient Jewish Monotheism*(한 하나님, 한 주: 초기 기독교 신앙과 고대 유대교 유일신론)부터 시작해서 2003년에 집필한 두꺼운 책인『주 예수 그리스도: 초기 기독교의 예수 신앙에 대한 역사적 탐구』(*Lord Jesus Christ: Devotion to Jesus in Earliest Christianity*), 그리고 그 이후의 연구서들이 있다.[1] 이 책에서 나는 그간 수행

---

1 이 주제에 관해 내가 처음 출간한 논문은 "New Testament Christology: A Critique

해 온 이 작업들에 의존하면서, 초창기에 나타난 예수 섬김의 표현들이 그 역사적인 정황에서 살필 때 얼마나 놀랍고 중대한 의미를 지닌 것이었는지를 강조하려 한다. (초기 기독교를 연구하는 다른 많은 학자들과 함께) 신약학자들은 자주 예배가 갖는 의미를 간과하거나 그 중요성을 경시하는 경향을 보여 왔다. 그 대신에 그들은 예수의 기독론적 칭호 또는 그에 관한 믿음의 다른 표현들에 주로 초점을 맞추곤 한다. 물론 나도 이런 사안들이 분명히 중요한 것들임을 인정한다. 하지만 이제 논의하려는 대로, 나는 초창기의 기독교 예배에서 나타난 현상들, 특히 부활하신 예수가 예배에서 어떤 존재로 제시되었는지에 중점을 두고 살피려 한다.

---

of Bousset's Influence," *Theological Studies* 40 (1979): 306-17로, 이것은 예수 섬김의 기원을 새롭게 탐구해 보려는 내 목표를 보여 주는 글이었다. 그 후에는 단행본 수준의 연구서들을 출간했는데, 이 책들은 *One God, One Lord: Early Christian Devotion and Ancient Jewish Monotheism* (Philadelphia: Fortress Press; London: SCM, 1988; 2nd ed., Edinburgh: T&T Clark, 1998; 3rd ed., London: Bloomsbury T&T Clark, 2015)으로 시작해서 *At the Origins of Christian Worship: The Context and Character of Earliest Christian Devotion* (Grand Rapids: Eerdmans, 1999); *Lord Jesus Christ: Devotion to Jesus in Earliest Christianity* (Grand Rapids: Eerdmans, 2003), 『주 예수 그리스도: 초기 기독교의 예수 신앙에 대한 역사적 탐구』(새물결플러스); *How on Earth Did Jesus Become a God? Historical Questions about Earliest Devotion to Jesus* (Grand Rapids: Eerdmans, 2005); *God in New Testament Theology* (Nashville: Abingdon, 2010)로 이어졌다.

이 책의 계획

우선 이어질 논의의 학문적 배경을 간단히 서술하려 한다. 여기서는 관련 학자를 총망라하는 목록 같은 것은 제시하지 않고, 주요 인물과 작품에 초점을 맞출 것이다. 이런 인물과 작품들은 예수 경배의 기원에 관해 구체적으로 영향력을 발휘했거나 주목할 만한 선택지를 제시하는 학자 또는 저서들이다.

그다음에는 고대 종교에서 예배가 지녔던 중심적인 성격을 입증하는 간략한 논의로써 내 주장을 전개해 나갈 것이다. 이런 논의가 필요한 이유는 특히 서구 문화권의 경우, 학자들과 일반 대중 모두 교리와 신앙고백 문서들을 종교의 핵심 표현으로 간주하게 되었기 때문이다. 이에 따라 그들은 대부분의 다른 특징을 배제하게 되었으며, 흔히 초기의 기독교 예배 의식을 소홀히 여기곤 한다.

그런 다음에는 '고대 유대교의 유일신론'(ancient Jewish monotheism)을 소개할 것이다. 이 체계는 로마 시대의 수많은 신들에 대한 경배를 거부하고, 오직 성경의 전통에 속한 유일하신 하나님께만 예배하는 일을 통해 가장 명확히 드러났다. 여기서는 용어와 내용상의 문제를 모두 다룰 것이며, 내 요점은 로마 시대의 유대교가 그 예배의 배타성으로 알려져 있었다는 데 있다. 곧 유일하신 하나님만이 예배를 받으셔야

했던 것이다. 그리고 이 배타성은 초창기 기독교 운동의 공동체들 가운데서 특징적으로 나타난 신앙 형태의 중요성을 이해하는 데 중대한 역사적 배경이 된다.

다음으로 나는 초창기의 기독교 공동체들 가운데서 특징적으로 나타난 주요 기독론적 주장이 담긴 일부 중요한 문헌을 개관할 것이다. 여기서는 특히 바울 서신에 집중하려 한다. 일반적인 학자들의 판단에 따르면, 이 서신에는 첫 세대의 신자들이 예수에 관해 고백한 믿음의 내용에 대해 현재 얻을 수 있는 가장 이른 시기의 증거가 담겨 있기 때문이다. 주요 서신들은 대략 주후 50-60년 사이에 기록된 것으로 보인다.

그런 다음에는 사실상 내가 가장 강조하고자 하는 내용을 살피려 한다. 이는 바로 그 당시에 실천된 예배 의식들에 관해 가장 이른 시기의 문헌들에 담겨 있는 증거이다. 여기서는 특히 부활하신 그리스도가 하나님과 함께 그 공동의 대상으로서 중요한 위치를 차지했던 예배 의식들의 경우를 살필 것이다. 나는 그 구체적인 의식들을 논하고, 처음 등장한 당시의 맥락에서 그 의식들이 지녔던 의미를 다루려 한다. 이같이 초창기에 나타났던 기독교 의식의 세부 내용을 강조하는 일은 내가 오랜 세월에 걸쳐 노력해 온 과제 중 하나라고 할 수 있다. 내 주장은 곧 초창기 기독교 운동의 가장 주목할 만한 특징은 바로 그 갓 생겨난 운동의 예배 의식에서 예수가 차지했던 위치에 있다는 것이다. 당시의 기독교 운동은 고대의 유대교 전통 속에서 생겨난 독특한 '변이'를 이루었다. 이는 그 속에 하나님과 예수가 함께 경배를 받는, 독특한 '이중적' 예배의 형태가 담겨 있었기 때문이다.

학문적 배경

초창기의 예수-섬김이 지녔던 본성과 그 의미에 관한 내 주장을 제시하기에 앞서, 이 논의의 학문적 배경을 간략히 서술하려 한다. 나는 어떻게 예수가 종교 의식을 통해 경배를 받는 대상이 되었는지에 관한 역사적 질문을 다룬 이전과 현재의 주요 연구들에 초점을 맞출 것이다. 이런 경배의 모습은 (기독교 운동에 관해 현재 얻을 수 있는 가장 이른 시기의 증거인) 바울 서신에서도 이미 나타나고 있다.

20세기 전반에 걸쳐 이 문제에 특히 영향을 끼친 이들은 괴팅겐 대학교에 재직했던 한 무리의 학자들이었다. 이들은 대개 '종교사학파'(religionsgeschichtliche Schule)로 불린다.[2] 이들 가운데는 헤르만 궁켈(Hermann Gunkel), 윌리엄 브레데(William Wrede), 에른스트 트뢸치(Ernst Troeltsch), 빌헬름

---

2 더 자세한 논의를 위해서는, 예를 들어 Werner Georg Kümmel, *The New Testament: The History of the Investigation of Its Problems*, trans. S. McLean Gilmour and Howard C. Kee (Nashville: Abingdon, 1972), 245-80을 보라.

하이트뮐러(Wilhelm Heitmüller), 파울 베언러(Paul Wernle)가 있으며, 이들은 모두 20세기 초엽에 활동했던 학자들이다. 그런데 이 학파에서 가장 유명하며 큰 영향력을 끼친 인물은 아마 빌헬름 부세(Wilhelm Bousset)일 것이다. 그가 출간한 글 중에서 이 주제에 가장 긴밀히 연관된 저서는 *Kyrios Christos: A History of Belief in Christ from the Beginnings of Christianity to Irenaeus*(주 그리스도: 기독교의 시초에서 이레니우스에 이르기까지 그리스도에 대한 믿음의 역사)였다. 이 책은 1913년에 독일어로 처음 출간되었다. 그 제목에서 알 수 있듯이, 이 책은 예수가 처형된 이후 가장 이른 시기부터 2세기 말엽에 이르기까지 존재했던 기독론적 신념과 예배 의식을 광범위하게 분석한 것이었다. 이 책은 그 살피는 범위의 넓이나 주제를 다루는 깊이, 생동감 있는 서술 방식의 측면에서 지금도 인상적인 작품으로 남아 있다. (독일어판의 제5판을 번역한) 이 책의 영역본은 훨씬 늦은 1970년에 출간되었다. 그리고 이 사실은 이 책이 처음 출간된 지 수십 년이 지난 이후에도 여전히 중요성을 지니고 있었으며 지속적인 관심의 대상이 되었음을 보여 준다.[3]

---

[3] 이 책의 영어판인 Wilhelm Bousset, *Kyrios Christos: A History of Belief in Christ from the Beginnings of Christianity to Irenaeus*, trans. John E. Steely (Nashville: Abingdon, 1970)은 내가 집필한 새로운 서론과 함께 재출간되었다(Waco, TX: Baylor

부세가 이후에 영향을 끼치게 된 주된 요인 중 하나는 20세기 정말 중요한 신약학자 중 한 사람임이 분명한 루돌프 불트만(Rudolf Bultmann)이 그의 책을 적극 추천한 데 있었다. 불트만은 부세의 때 이른 죽음 이후 출간된 *Kyrios Christos*(주 그리스도) 제2판(1921)을 준비하는 일을 도왔으며, 또한 이 책의 독일어판 제5판(1965)에 붙인 짧은 서문에서 이렇게 언급했다. "내가 학생들에게 강의할 때 종종 필수적인 연구서로 추천하는 신약학 저서 중에는 무엇보다도 빌헬름 부세의 *Kyrios Christos*가 꼭 포함된다."[4]

하지만 처음부터, 즉 불트만이 이 책을 추천하거나 이 책의 영역본이 나오기 훨씬 이전부터, 부세의 이 저서는 널리 강력한 영향을 끼쳤다. 그리하여 이 책은 실질적으로 예수 섬김의 기원에 관한 이후의 모든 연구들이 따르게 될 의제를 설정하게 되었다. 1917년에 게할더스 보스는 "The *Kyrios Christos* Controversy"(*Kyrios Christos* 논쟁)라는 글을 집필했는데, 그때까지 *Kyrios Christos*를 두고 벌어진 학문적 논쟁을 개관하기 위해서만 이미 68페이지에 달하는 분량이 필요했다![5] 이 논쟁의 핵심은 예수 경배의 기원이 예루살렘에 있는 유대인

University Press, 2013), v-xx. 이후의 논의에서는 이 영역본의 내용을 인용할 것이다.
4 Bousset, *Kyrios Christos*, 7.
5 Geerhardus Vos, "The *Kyrios Christos* Controversy," *PTR* 15 (1917): 21-89.

신자들의 공동체에 있었는지, 또는 부세가 주장하듯 안디옥과 다메섹 같은 디아스포라(이방에 흩어져 살던 유대인들의 공동체-역주)를 배경으로 하는지에 관한 것이었다. 부세는 이 디아스포라적인 배경의 경우, 당시의 신자들은 이교의 영향력에 좀 더 종속되어 있었을 것이라고 가정했다. 그리고 이교에서는 영웅들을 신성시했으며, 그곳에서는 유대 지역에서보다 다수의 신들을 받아들이기가 더 쉬웠으리라는 것이다. 오래지 않아 독일에서 중요한 비평들이 제기되었으며, 이에 자극을 받은 부세는 그 비평들에 응답하는 작은 단행본을 집필했다.[6] 영어권 학자들 가운데서도 비평이 제기되었으며, 부세의 책 내용에 대한 반응으로 적어도 두 차례의 중요한 강연이 진행되었다.

그레셤 메이첸(J. Gresham Machen)의 『바울의 신학: 바울 종교의 기원』(*The Origin of Paul's Religion*)은 그가 1921년에 버지니아주의 유니언 신학교에서 행한 스프런트 강연(Sprunt Lectures) 내용을 출판한 것이다. 이때 메이첸의 목표는 부세

---

[6] 독일에서 제기된 비평의 글 가운데는 Paul Althaus, "Unser Herr Jesus: Eine neutesetamentliche Untersuchung: Zur Auseinandersetzung mit W. Bousset," *Neue Kirchliche Zeitschrift* 26 (1915): 439-57; Paul Wernle, "Jesus und Paulus: Antitheses zu Bousset's *Kyrios Christos*," *Zeitschrift für Theologie und Kirche* 25 (1915): 1-92가 있다. 부세는 이런 비평들에 관해 *Jesus der Herr: Nachträge und Auseinandersetzungen zu "Kyrios Christos,"* FRLANT n.s. 8 (Göttingen: Vandenhoeck & Ruprecht, 1916)로 응답했다.

의 작업을 비판적으로 고찰하면서, 특히 바울의 종교적 신념은 "팔레스타인 지역에 있던 원시 기독교"가 아니라 "헬라적인 기독교"에 의해 형성되었다는 그의 견해를 자세히 논하는 데 있었다.[7] 그리고 몇 년 후에 롤린슨(A. E. J. Rawlinson)은 뱀턴 강연(Bampton Lectures)을 하면서, 자신의 의도가 "이른바 '종교사학파'에 속한 부세와 다른 저술가들의 작업에 관해 영어로써 건설적인 논의를 제시하려는 데" 있음을 밝혔다.[8] 롤린슨의 비판 가운데서 특히 인상적인 부분은 아람어로 기록된 고린도전서 16:22의 외침 '마라나타'를 "부세의 이론이 지닌 치명적인 급소"로 지목한 데 있었다. 그는 "이 구절을 제거하기 위한" 부세의 다양한 시도를 지적했다.[9] 여기서 롤린슨

---

7 J. Gresham Machen, *The Origin of Paul's Religion* (London: Hodder & Stoughton, 1921; repr., New York: Macmillan, 1925), 30. 『바울의 신학: 바울 종교의 기원』(명문당). 이후 메이첸은 교회 내의 분쟁에 관여하면서 학문적 논의에서는 주변으로 밀려났다. 몇 가지 측면에서 이 책에 담긴 논의는 불가피하게 낡은 것이 되었지만, 그럼에도 메이첸의 책은 지금까지 받아 온 것보다 더 많은 관심을 끌 가치가 있다. 그는 다른 학자들의 것으로 간주되어 온 일부 견해들에 관해 선견지명을 보여 주었다. 예를 들면, 메이첸의 다음과 같은 판단이 그런 경우이다. "바울이 회심 이전에 자신의 죄인 됨을 참으로 자각하고 있었다는 증거는 없다."(65) 지금 이 견해는 대개 크리스터 스텐달(Krister Stendahl)의 글 "Paul and the Introspective Conscience of the West," *Harvard Theological Review* 56 (1963): 199-215에서 기인한 것으로 간주된다. 스텐달의 이 글은 Stendahl, *Paul among Jews and Gentiles* (Philadelphia: Fortress Press, 1976), 78-96에 다시 수록되어 있다. 『유대인과 이방인의 사도) 바울』(순신대학교 출판부).

8 A. E. J. Rawlinson, *The New Testament Doctrine of Christ* (London: Longmans, Green, 1926), ix.

9 Rawlinson, *New Testament Doctrine of Christ*, 235. 이 내용은 이 주제에 관한 부록

의 요점은 부세의 주장과 달리, 이 아람어 어구("우리 주여, 오소서!")는 이교의 종교적 영향 아래 있었던 디아스포라 지역들뿐 아니라 처음에 유대 지역의 아람어를 사용하던 유대인 기독교 공동체들 가운데서도 예수께서 숭앙의 뜻이 담긴 찬양을 통해 '주님'으로 불리셨음을 나타내는 것으로 해석될 수밖에 없다는 것이다. 하지만 부세의 책에 담긴 주장은 롤린슨의 비판이 제기된 뒤에도 계속 폭넓은 지지를 받았으며, 이 점은 1970년에 출간된 영어 역본에 대한 열렬한 반응에서도 헤아려 볼 수 있다.[10]

그러나 나는 1979년에 출간한 글을 통해 몇 가지 중요한 측면에서 부세의 논의가 옳지 않음을 지적하고, 다시금 올바른 토대 위에서 예수 경배의 기원을 살필 필요가 있음을 주장했다.[11] 그리고 이후에 출간한 글들에서, 부세의 작업에 감사하

으로 롤린슨의 책에 첨부된 주(231-37)의 일부이다.

10 예를 들어 Hendrikus Boers, "Jesus and Christian Faith: New Testament Christology since Bousset's *Kyrios Christos*," *Journal of Biblical Literature* 89 (1970): 450-56; Norman Perrin, "Reflections on the Publication in English of Bousset's *Kyrios Christos*," *Expository Times* 82 (1971): 340-42를 보라. 부세가 끼친 영향의 예로는 Burton L. Mack, *A Myth of Innocence: Mark and Christian Origins* (Philadelphia: Fortress Press, 1988)를 들 수 있다. 이 저자는 당시 시리아에 신원 미상의 기독교 공동체들이 있었으며, 그들 가운데서 "그리스도 숭배"(Christ cult)가 생겨났다고 가정한다. 그에 따르면 이 공동체들은 유대 지역에 있던 예수의 원래 추종자들과 뚜렷이 구별되었으며, 후자의 경우에 예수는 그저 영감을 주는 스승이었을 뿐이라는 것이다.

11 Hurtado, "New Testament Christology," 306-17.

면서도 그 문제점을 비판적인 어조로 언급했다.¹² 이른바 '퀴리오스 숭배'(Kyrios cult), 곧 부활하신 예수께서 예배의 대상으로 숭앙된 일을 가장 중요한 탐구의 문제로 지적한 점에서는 부세가 옳았다. 하지만 이런 현상은 순수하게 유대적인 배경 가운데서 생겨날 수 없으며 오직 이교의 종교적 영향력이 작용하는 정황 속에서만 나타날 수 있었을 것이라고 주장한 점에서는 그의 생각이 잘못되었던 것이다.

또한 부세는 예수를 향한 예배가 이른 시기에 생겨났음을 인정한 점에서 옳았다. 참으로 이른 시기에 생겨났기에, 이 예배는 젊은 바리새인이었던 다소의 사울이 처음에는 핍박했으나 이후에 받아들인 그 초기 기독교 신앙의 형태를 이루게 되었다. 즉 부세의 계산에 따르더라도, 이 '퀴리오스 숭배'는 예수가 처형된 뒤 몇 개월, 길어도 몇 년 사이에 생겨났던 것이다. 그러므로 연대적인 측면에서 볼 때, 나는 부세의 견해가 이후의 일부 학자들이 지닌 견해보다 훨씬 진실에 가깝다고 본다. 이 후자의 학자들 가운데는 던(J. D. G. Dunn), 모리스 케이시(Maurice Casey) 같은 이들이 있다. (이들에 관해서는 이

---

12 앞서 언급한 *Kyrios Christos*의 영역판 재출간본에 추가된 내 서론과 함께, Larry W. Hurtado, "Christ-Devotion in the First Two Centuries: Reflections and a Proposal," *Toronto Journal of Theology* 12 (1996): 17-33; Hurtado, "Wilhelm Bousset's *Kyrios Christos*: An Appreciative and Critical Assessment," *Early Christianity* 6 (2015): 1-13을 보라.

책의 뒷부분에서 다루려 한다.) 이 학자들은 1세기 후반에야 예수를 향한 예배가 나타나게 되었으며, 바울과 그가 섬긴 교회들이 행한 예배 의식에서는 이런 특징을 찾아볼 수 없었다고 주장한다.[13]

한편 연대의 문제를 다룰 때, 내 생각에 기독교의 기원을 연구하는 분야에서 20세기 후반에 출판된 중요한 논문 중 하나는 마르틴 헹엘(Martin Hengel)의 "기독론과 신약의 연대"이다.[14] 이 논문에서 헹엘은 문헌상의 증거를 살필 때, 초창기 기독교 공동체들 가운데서 때때로 가정되는 것처럼 정교하고 여러 단계에 걸친 발전 양상이 있었다고 보기 어렵다는 점을 간결하면서도 설득력 있게 보여 주었기 때문이다.[15] 헹엘

---

13 예를 들어 Maurice Casey, *From Jewish Prophet to Gentile God: The Origins and Development of New Testament Christology* (Louisville: Westminster John Knox, 1991); James D. G. Dunn, *Did the First Christians Worship Jesus? The New Testament Evidence* (Louisville: Westminster John Knox, 2010)를 보라. 『첫 그리스도인들은 예수를 예배했는가?』(좋은씨앗).

14 헹엘의 논문은 원래 독일어로 출간되었다. "Christologie und neutestamentliche Chronologie: Zu einer Aporie in der Geschichte des Urchristentums" in *Neues Testament und Geschichte, Festschrift O. Cullmann*, ed. Heinrich Baltensweiler and Bo Reicke (Zurich: Theologischer Verlag, 1972), 43-67. 그의 이 글은 1970년대 이후로 내 생각에 핵심적인 영향을 미쳤다. 이 논문의 영역본은 Martin Hengel, *Between Jesus and Paul: Studies in the Earliest History of Christianity* (London: SCM, 1983), "Christology and New Testament Chronology," 30-47에 수록되었으며, 이 논의에서는 이 영역본의 내용을 인용한다.

15 예를 들어 '팔레스타인 지역의 유대인 공동체'와 '헬라파 유대인 공동체', '헬라파 이방인 공동체'의 단계들이 있다. 때로는 이 단계들 모두 1세기 전반부의 수십 년 사이에 걸

이 (그리고 부세도) 언급했듯이, 우리는 이미 바울의 것으로 인정되는 서신들 가운데서 다음과 같이 발전된 예배 형태가 나타나는 것을 보게 된다. (이 서신들은 주후 50-60년경에 기록된 것으로 추정되며, 현존하는 가장 이른 시기의 기독교 문헌이다.) 곧 이 예배 형태에서는 예수가 한데 모인 예배 공동체의 '주님'으로, 또 하나님이 이루신 창조의 대행자로, 그리고 온 창조 세계의 복종을 받기에 합당한, 독특하게 높임을 받은 존재로서 기원과 찬미의 대상이 되는 것이다. 게다가 이 서신들에서 이런 내용들은 가르침의 대상이 되기보다, 바울이 염두에 둔 독자들에게 이미 익숙한 것으로서 당연한 전제로 간주되고 있다. 헹엘에 따르면, "예수가 죽은 시기부터, 가장 이른 시기의 기독교 문헌인 바울 서신에서 완전히 발전된 기독론이 나타나기까지의 기간은 매우 짧다. 그러니 그 기간 동안에 일어난 발전에 관해서는 그저 놀랍다고 말할 수밖에 없다."[16] 지금 논의가 되고 있는 일에 걸린 시간은 겨우 이십 년 정도에 불과하다.

그런데 우리는 다음의 내용에도 주의해야 한다. (1) 바울은 예수가 죽은 뒤 기껏해야 한두 해 사이에 예수 운동의 반대자

쳐 있었으며, 각 단계마다 서로 구별되는 기독론이 존재했던 것으로 가정된다.
16 Hengel, "Christology and New Testament Chronology," 31.

에서 열렬한 옹호자로 '전향하게' 되었다. (이 점에 관해서는 부세도 동의한다.) (2) 바울 서신에 나타난 예수-섬김은 그가 이전에 핍박했다가 그 이른 시점에 받아들이게 된 바로 그 입장이었을 가능성이 높다. (3) 바울은 안디옥을 비롯한 디아스포라의 중심 지역들보다, 오히려 **예루살렘 교회와 그 지도자들**과의 유대 관계를 끊임없이 강조하고 유지하려 했다. 이 모든 내용을 살피면서, 우리는 다음의 결론에 이르게 된다. 곧 지금 논의하는 역사적인 발전, 곧 다른 경우라면 하나님께만 드려졌을 경배를 받기에 합당한 '숭앙의 대상인 주님'으로 예수가 인정된 일은 놀라울 정도로 이른 시기부터 급격히 확산된 현상이었다는 것이다. 그것은 조금씩 더디게 진행된 과정이 아니었다. 예수의 죽음부터 바울이 초창기 서신을 쓰기까지의 18년 정도의 기간에 관해, 헹엘은 다음과 같이 인상적으로 언급하고 있다. "본질적인 면에서 볼 때, 기독론 분야에서는 이 얼마 안 되는 기간 동안에 그 이후의 7백 년에 걸친 교회 역사에서 일어난 것보다 더 많은 일이 일어났다."[17]

위에서 언급한 내용의 요점은 부활하신/높이 되신 예수가 십자가에서 처형된 뒤 매우 이른 시기부터 숭앙의 뜻이 담긴 섬김의 대상이 되었으며, 주목할 만한 기독론적 주장들을 통

17　Hengel, "Christology and New Testament Chronology," 39-40.

해 높임을 받았다는 데 있다. 이 사안에 관한 논의에서 한편에는 부세, 그리고 다른 한편에는 헹엘과 나 같은 이들을 둘 때, 둘 사이의 차이점은 과연 이 발전이 처음에 유대 지역에 있는 유대인 신자들의 공동체에서 생겨났을 수 있는지에 관한 것이다. 그런데 여기서 강조할 부분은, 심지어 부세의 도식을 따를 경우에도 예수를 예배 공동체의 '주님'으로 섬기는 현상이 일어난 것은 놀라울 정도로 이른 시기였다는 점이다. 앞서 언급했던 요점을 반복하자면, 부세를 비롯해서 다른 문제들에 관해서는 우리와 의견을 달리하는 이들도, 이 의식을 통한 예수-섬김이 중대한 의미를 지닌 것이었다는 점에 관해서는 의견이 일치한다. 실로 그 일은 초기 기독교 운동에서 가장 중요한 발전이었던 것이다.

연대의 문제를 강조한 것 외에도, 헹엘은 여러 면에서 초기 기독론의 문제들에 관한 연구에 중요한 기여를 했다. 그의 작은 책인 『하나님의 아들』(Son of God)은 예수의 하나님의 아들 됨에 관한 신념들의 기원과 그 신념들이 초기에 지녔던 의미에 관한 예리한 분석서로 남아 있다.[18] 다른 몇몇 연구에서, 헹엘은 성령의 영감으로 된 "찬시/찬송들"(odes/hymns)의 중

---

18 Martin Hengel, *The Son of God: The Origin of Christology and the History of Jewish-Hellenistic Religion* (Philadelphia: Fortress Press, 1976). 『하나님의 아들』 (대한기독교서회).

요한 역할에도 주의를 기울였다. 이 시와 노래들은 초기의 기독론적 주장과 확신을 전달하는 수단이었으며, 이런 주장과 확신은 대개 예배의 정황에서 표현되었다.[19]

헹엘과 함께, 예수-섬김의 기원에 관한 현대의 논의에서 중요한 인물은 리처드 보컴(Richard Bauckham)이다. 보컴은 수십 년 전 출간한 논문에서 초기 기독교 공동체들에서 예수를 예배한 일의 중요성을 언급하면서, 이런 예배가 오직 하나님만이 경배를 받으셔야 한다는 확고한 태도와 나란히 존재했음을 지적했다.[20] 내 생각에 이 논문은 현재의 정황에서 가장 중요한 글인 것 같다. 로렌 스터켄브룩(Loren Stuckenbruck)은 보컴의 분석을 이어받아 그 내용을 확장했으며, 기본적으로 이와 유사한 견해에 도달했다. 곧 유대교의 문헌 가운데 (천사들을 포함한) 다른 존재에게 예배하는 것에 관한 다양한 금지령이 기록되어 있음을 고려할 때, 초기의 기독교 문헌에서 예수를 하나님과 함께 예배의 대상으로 언급한 것은 분명히 새

---

19 Martin Hengel, "Hymns and Christology," in *Between Jesus and Paul*, 78-96; Hengel, *Studies in Early Christology* (Edinburgh: T&T Clark, 1995), 특히 227-91.
20 Richard J. Bauckham, "The Worship of Jesus in Apocalyptic Christianity," *New Testament Studies* 27 (1981): 322-41. 보컴은 이후에 출간된 책에서 이 글의 내용을 더욱 확대해서 논의했다: "The Worship of Jesus," in *The Climax of Prophecy: Studies on the Book of Revelation* (Edinburgh: T&T Clark, 1993), 118-49. 『예언의 절정: 요한계시록 연구』(한들출판사).

로운 발전으로 보인다는 것이다.[21]

그러나 보컴은 이후에 출간한 글들에서 개념적, 또는 교리적인 발전을 강조해 왔다. 특히 그는 초창기의 기독론적 사유에서 예수는 이른바 '신적 정체성'(the divine identity) 안에 포함되어 있었다는 견해를 제시한다.[22] 그리고 보컴은 이제 예수를 향한 예배를 이런 관점의 당연한 부산물로 간주하는 것처럼 보인다. 즉 예수를 향한 예배를, 예수가 하나님의 보좌를 공유하며 세상을 창조하는 신적인 행위에 동참한다는 구체적인 신념의 초기 결과물로 여기는 것이다. 여기서 보컴은 초창기 기독교 문헌에서 뚜렷이 나타나는 놀라운 기독론적 신념들을 옳게 지적하고 있다. 하지만 나는 그 문헌들 가운데서 예수를 향한 예배가 이런 기독론적 신념들의 결과로 생겨난 논리적 단계였다는 암시를 거의 발견하지 못했다. 오히려 내 생각에, 이 초기의 문헌들에서 나타나는 이중적인 예배의 형태

---

21 Loren T. Stuckenbruck, *Angel Veneration and Christology*, WUNT 2/70 (Tübingen: J. C. B. Mohr [Siebeck], 1995). 그런데 스터켄브룩은 유대교 문헌들에 담긴, 천사들에 관한 "공경의 언어"(venerative language)가 무언가 중요한 의미를 지닐지도 모른다는 견해를 제시한다. 다만 그는 천사들을 그렇게 공경하는 일이 예배의 수준까지는 이르지 않았을 것임을 인정하고 있다.

22 Richard Bauckham, *God Crucified: Monotheism and Christology in the New Testament* (Carlisle, UK: Paternoster, 1998). 이 책은 다른 글들과 함께 다음의 제목으로 다시 출간되었다. *Jesus and the God of Israel: God Crucified and Other Studies on the New Testament's Christology of Divine Identity* (Milton Keynes, UK: Paternoster, 2008).

는 신자들이 하나님의 분명한 명령으로 여겼던 것에 대한 직접적인 응답이었던 것으로 보인다. 아마 이 명령은 강력한 종교적 체험을 통해 전달되었을 것이며, 이런 체험은 그 당사자들에게 하나님의 뜻을 계시하는 것으로 다가왔을 것이다.[23] 내가 보기에 예수를 향한 예배는 다른 어떤 일의 부산물이 아니었다. 오히려 그것 자체가 주목할 만한 발전이었으며, 이는 그렇게 행하는 것이 하나님의 뜻이라는 인식 아래 순종함으로써 생겨난 일이었다.

그러나 현재의 학문적 정황에서, 일부 주목할 만한 학자들은 예수를 향한 예배가 초창기 신자들의 공동체에서 시작되었다고 여기는 이들에게 반대하면서, 훨씬 이후인 1세기 후반에 가서야 그런 예배가 생겨났다고 주장한다. 그런 학자들 중에서 잘 알려진 이로는 던(Dunn)이 있다. 그는 바울 서신에서는 예수가 진정한 예배의 대상이 아니라고 여기지만, 1세기 후반에 가서는 예수를 향한 예배처럼 보이는 현상이 나타난다는 점을 인정한다. 그런 현상은 예를 들어 요한계시록 5장

---

[23] 내가 보컴의 견해들을 논한 다음의 글을 보라. "Worship and Divine Identity: Richard Bauckham's Christological Pilgrimage," in *In the Fullness of Time: Essays on Christology, Creation, and Eschatology in Honor of Richard Bauckham*, ed. Daniel M. Gurner, Grant Macaskill, and Jonathan T. Pennington (Grand Rapids: Eerdmans, 2016), 82-96. 나는 이 책의 뒷부분에서 계시적인 종교적 체험의 중요성을 논할 것이다.

에서 나타나는 바와 같다.[24] 하지만 던은 대체로 이렇게 주장한다. "첫 그리스도인들이 예수를 그 자체로서 예배받을 존재로 여기지는 않았다. … 그들은 예수를 온전한 하나님이나 그분과 온전히 동일시되는 이로 여기지 않았으며, 그를 하나의 다른 신으로 여긴 것은 더더욱 아니었다." 그 대신에 그들은 예수 "안에서", 예수를 "통해" 하나님께 예배했으며, "하나님 안에 있는 예수(Jesus-in-God)와 예수 안에 있는 하나님(God-in-Jesus)"께 예배했다는 것이 던의 주장이다.[25]

한편으로는 던의 주장이 분명히 옳다. 신약의 문서들에서 예수는 하나님과 나란히 예배를 받는 또 하나의 신이 아니었

---

24 Dunn, *Did the First Christians Worship Jesus?*, 130-32. 그의 책에 관한 내 리뷰로는 "래리 허타도의 블로그"(*Larry Hurtado's Blog*)에 있는 https://larryhurtado.files.wordpress.com/2010/07/dunn-was-jesus-worshipped-review.pdf를 보라. 던의 박사과정 제자였던 제임스 F. 맥그래스(James F. McGrath)는 자신의 책 *The Only True God: Early Christian Monotheism in Its Jewish Context* (Urbana: University of Illinois Press, 2009)에서 이와 유사한 주장을 폈다. 이 책에 관한 내 리뷰로는 "래리 허타도의 블로그"에 있는 https://larryhurtado.files.wordpress.com/2010/07/mcgrath-reveiw-essay1.pdf를 보라. 모리스 케이시도 자신의 책 *From Jewish Prophet to Gentile God*에서, 예수는 1세기 후반에 가서야 요한복음에 반영된 신자들의 공동체 가운데서 신적 지위를 획득했다고 주장했다. 그는 이 일의 원인을 많은 수의 비유대인 회심자들이 기독교 공동체 안으로 유입된 데에 돌렸다. 곧 이교적인 배경을 지닌 그들은 예수를 더욱 기꺼이 신격화할 수 있었으리라는 것이 그의 생각이다. 그러나 내가 보기에, 그의 주장에는 던의 주장과 비슷한 문제점이 있다. 이는 그가 바울 서신에 담긴 자료를 적절히 고려하지 못하고 있기 때문이다. 바울 서신에는 확고한 이중적 예배의 형태가 반영되어 있으며, 이는 이미 주후 50년대 당시의 신자들이 품었던 전형적인 태도로 간주된다.

25 Dunn, *Did the First Christians Worship Jesus?*, 146.

다. 그리고 초기의 신자들에게 예수는 하나님의 경쟁자나 그분을 대체하는 이가 아니었다. 오히려 초기의 기독교 문헌에서 예수는 대개 유일하신 하나님과 맺은 관계 속에서, 그 관계로 인해 경배를 받았다. 예를 들어 예수는 하나님의 유일한 아들로서, 또 그분의 말씀으로서, 그리고 그분의 형상으로서 경배를 받았던 것이다. 그런데 이 점은 바울 서신뿐 아니라 요한계시록을 비롯한 대부분의 초기 기독교 문헌의 경우에도 마찬가지였다! 예를 들어 요한계시록 5장에서는 "어린양", 곧 높임을 받은 예수가 앞서 죽임을 당했으나 모든 족속 가운데서 "사람들을 … 사서" 하나님께 드린 이로서 경배를 받는다(9절). 마지막 구절에서는 그 어린양이 "보좌에 앉으신" 하나님과 함께 찬미의 대상이 된다(13절).

그런데 다른 한편으로, (이 논의에서 이후에 살필 것처럼) 부활하신 예수는 바울의 서신들이 기록된 시기부터 계속해서 하나님이 경배를 받으신 방식과 놀랍도록 일치하는 유형의 경배를 받고 있다. 확실히 예수가 두 번째 신으로서 경배를 받거나, '아버지' 하나님과 별개로 경배를 받지는 않았다. (그런데 던은 예수가 예배를 받았다고 여기기 위해서는 이런 조건들이 만족되어야 한다고 요구하는 듯하다.) 하지만 바울의 서신들에서나 이후의 초기 기독교 문헌들에서 예배의 형태는 뚜렷이 '이중적인' 모습을 띤다. 곧 부활하신 예수께서 하나님과 나란히,

예배로밖에 이해될 수 없는 종류의 독특한 경배를 받은 것이다. 이 이중적인 형태의 예배가 나타난 것은 당시의 더 넓은 유대교 전통에서는 유례를 찾아볼 수 없는 새로운 국면이었다. 그러므로 이 현상은 주목할 이유가 있다.

이 현상을 설명하기 위해, 어델라 야브로 콜린스는 당시의 신자들이 로마 시대 통치자 숭배의 영향을 받았을 것이라는 견해를 제시했다.[26] 그녀의 견해에 따를 경우, 우리는 유대 지역에서나 경건한 유대인들 사이에서 이런 숭배의 영향 아래 이교의 종교적 관념들을 전유했다고 상상해야만 할 것이다(여기서 전유[專有, appropriation]는 어떤 본문의 내용을 자신이 처한 상황 속에서 재해석하고 적용하는 일을 의미한다. - 역주). 하지만 우리는 당대의 유대교 전통에서 이런 모습을 보여 주

---

26 Adela Yarbro Collins, "The Worship of Jesus and the Imperial Cult," in *The Jewish Roots of Christological Monotheism: Papers From the St. Andrews Conference on the Historical Origins of the Worship of Jesus*, ed. Carey C. Newman, James R. Davila, and Gladys S. Lewis (Leiden: Brill, 1999), 234-57; 더 최근의 글로는 Collins, "'How on Earth Did Jesus Become a God?': A Reply," in *Israel's God and Rebecca's Children: Christology and Community in Early Judaism and Christianity*, ed. David B. Capes et al. (Waco, TX: Baylor University Press, 2007), 55-66을 보라. 마이클 페퍼드(Michael Peppard)도 이와 비슷한 견해를 제시한다. *The Son of God in the Roman World: Divine Sonship in Its Social and Political Context* (New York: Oxford University Press, 2011). 그러나 이에 관해서는 내 리뷰를 보라. "The 'Son of God' in/and the Roman Empire: A Review Essay," *Larry Hurtado's Blog*, January 7, 2013, https://larryhurtado.wordpress.com/2013/01/17/the-son-of-god-inand-the-roman-empire-a-review-essay/.

는 다른 사례를 찾아볼 수 없다. 사실 현재 우리가 지닌 증거에 의하면, 로마의 황제 숭배에 대한 당시 유대인들의 태도는 철저한 경멸이다.[27] 그러므로 초창기의 유대인 신자 공동체들 가운데서 통치자 숭배가 의식적으로 전유되었다는 주장은 지나친 상상력의 비약으로 보이며 진지하게 받아들이기가 어렵다. 콜린스는 이런 일들이 모두 무의식적인 행동이었을지도 모른다는 견해도 제시하는데, 이 역시 내게는 지나친 상상처럼 들린다. 당시에 그들이 끔찍한 것으로 여겼던 종교적 관행에서 자신들의 기본적인 종교 관념을 무의식적으로 가져오는 일이 어떻게 가능했겠는가?

예수 경배의 기원을 둘러싼 현재의 학문적 토론에 참여하는 또 다른 학자로는 크리스핀 플레처-루이스(Crispin Fletcher-Louis)가 있다. 그는 이전에 쓴 글에서, 고대의 유대교 전통에는 하나님이 어떤 한 인간의 모습으로 직접 나타나실 수 있다는 개념이 담겨 있었다고 주장했다. 따라서 그 인간 존재는 예배를 받기에 합당한 자격을 지녔다는 것이다.[28] 좀 더 최근에, 플레처-루이스는 자신이 계획한 여러 권의 책 중

---

27 예를 들어 Philo of Alexandria, *Embassy to Gaius*를 보라.
28 Crispin H. T. Fletcher-Louis, "The Worship of Divine Humanity as God's Image and the Worship of Jesus," in Newman, Davila, and Lewis, *Jewish Roots*, 112-28.

첫 권을 출간했다. 그는 이 책에서 이 점을 추가로 확증하고, 예수-섬김의 기원 문제에 관한 자신의 접근 방식을 체계적으로 제시하려 했다.[29] 지금은 루이스가 계획한 책들 가운데 이 서론격인 책만 출간되어 있으므로, 여기서는 그의 기본 견해로 여겨지는 내용만 간략히 논할 수 있을 뿐이다. 내가 보기에, 그의 입장이 지닌 주된 문제점은 (그 자신도 시인하듯이) 제2성전기 유대교의 전통 가운데는 초기의 기독교 공동체들에서 높이 되신 예수께 드렸던 것과 같은 경배를 다른 어떤 인간이 누렸다는 증거가 없다는 데 있다. 즉 하나님을 체현하는 인간 존재에게 예배하는 일이 마땅하다는 이 추정상의 개념에 의해, 신약에 담긴 것과 같은 이중적인 예배의 형태가 생겨났던 또 다른 사례의 흔적을 찾아보기는 어렵다는 것이다. 그러므로 우리가 이 추정상의 개념을 받아들인다 해도(사실 내게는 우리가 이 개념을 받아들여야 하는 이유도 명확하지 않다), 이 개념만을 통해 예수 경배가 생겨났다고 보기에는 충분치 않다. 따라서 이 새로운 이중적 예배 형태를 설명하기 위해서는 무언가 다른 원인을 찾아야만 한다.

---

29 Crispin Fletcher-Louis, *Jesus Monotheism*, vol. 1, *Christological Origins: The Emerging Consensus and Beyond* (Eugene, OR: Cascade, 2015). 이 책에 관한 내 리뷰[*RBL* (August 2016): https://www.bookreviews.org/pdf/10588_11764.pdf]와 함께, 블레이크 유르젠스(Blake Jurgens)의 리뷰[*RBL* (June 2017): https://www.bookreviews.org/pdf/10588_11827.pdf]를 보라.

플레처-루이스 자신도 이 문제점을 알고 있는 듯하다. 그래서 이제 그는 (자신이 계획한 이후의 책들에서 더 자세히 옹호하게 될) 다른 주장을 제기한다. 곧 초기 기독교 공동체들에서 예수 경배를 촉진한 것은 바로 그 자신의 인격에 관한 예수의 가르침이었다는 것이다. 즉 그는 가장 최근의 저서에서, 예수는 자신이 하나님을 체현한 인간으로서 경배를 받기에 합당한 존재임을 알고 있었다고 주장한다. 그리고 예수는 이 진리를 제자들에게 가르쳤지만, 정작 제자들은 예수께서 죽음에서 부활하시기 전까지는 이 진리를 좇아 행동하지 않은 것처럼 보인다는 것이다.

어떤 이들에게는 플레처-루이스의 견해가 신학적으로 매력적인 것일 수 있다. 이 견해에 따를 경우, 예수 자신의 가르침에 예수 경배의 근거를 둘 수 있기 때문이다. 하지만 역사적인 측면에서 그 견해를 미심쩍은 것으로 만드는 문제들이 있다. 한 예로 요한복음에는 자신의 천상적인 기원과 신적 지위를 언급하는 예수의 말씀이 있지만(예를 들어, 5:17-24; 6:35-40; 17:5), 공관복음서에는 그런 말씀이 나타나지 않는다. 그러므로 대다수 학자들의 경우, 요한복음에는 "부활 이후의" 정황에서 생겨난, 그를 우러르는 관점을 통해 뚜렷이 굴절된 예

수의 이야기가 담겨 있다고 여긴다.[30]

하지만 더 주된 문제는 초창기 기독교 문헌들의 경우에 예수 경배의 근거를 그의 가르침이나 요구에 두지 않고, 오히려 예수를 죽음에서 일으키시고 천상의 영광으로 높이 올리신 하나님의 행동에 둔다는 데 있다(예를 들어, 빌 2:9-11). 즉 이 문헌들에서는 하나님이 나사렛 예수를 영화롭게 하신 일과, 이에 따라 예수께 경배해야 한다는 하나님의 요구에 대한 순종의 응답으로서 예수 경배를 정당화한다. 예수의 부활 이후, 초창기 신자들은 이내 예수께 '선재'와 '성육신'의 속성을 돌리게 되었다(예를 들어, 빌 2:6-8). 그런데 이 개념들은 그들이 먼저 품었던 확신, 곧 하나님이 예수를 죽음에서 일으키시고 그에게 '메시아와 주'의 칭호를 주셨다는 믿음의 필연적인 결과물이었던 것으로 보인다(예를 들어, 행 2:36; 17:30-31). 간단히 말하면, 예수가 이 땅에서 사역하는 동안에 자신은 선재하는 아들/말씀이 성육신한 존재이며 예배받기에 합당하다는 것을 제자들에게 가르쳤을 가능성이 적다는 것이다.

현재 출간된 기독론의 기원에 관한 도서들 가운데, 최근에 가장 잘 팔리는 책은 아마도 바트 어만(Bart Ehrman)의 저서

---

30 예를 들어 내가 쓴 다음의 글을 보라. "Remembering and Revelation: The Historic and Glorified Jesus in the Gospel of John," in Capes et al., *Israel's God*, 195-213.

일 것이다.[31] 어떤 부분에서 어만은 다른 학자들이 연구한 내용을 그저 반복해서 언급한다. 예수 경배가 초창기 신자들의 공동체 가운데서 급작스럽게 생겨났다는 판단 같은 것이 그런 예이다. 그러나 어만은 몇 가지 문제가 있는 자신만의 견해도 제시한다. 바울은 예수를 일종의 천사로 여겼으며 유대교 공동체에서는 천사가 경배의 대상이었으므로 예수 역시 경배를 받았다는 견해가 그런 예이다. 하지만 어만의 책에 관한 내 논평에서 지적했듯이, 이 견해의 어떤 부분에 관해서도 지금 남아 있는 증거 가운데서 실질적인 근거를 찾아볼 수 없다.

여기까지의 간략한 논의를 통해, 독자들은 기독론의 기원, 특히 예수 경배의 기원이 여전히 진지한 학문적 관심과 토론의 주제로 남아 있음을 알게 되었을 것이다. 위에서 논의한 책들 외에도, 적어도 언급할 가치가 있는 몇몇 연구가 있다. 그 가운데는 예수께 적용된 구약의 '여호와 본문들'(Yahweh texts)에 관한 데이비드 케입스(David Capes)의 연구, 바울의 '영광 기독론'에 관한 캐리 뉴먼(Carey Newman)의 분석을 비

---

31 Bart D. Ehrman, *How Jesus Became God: The Exaltation of a Jewish Preacher From Galilee* (New York: HarperOne, 2014). 『예수는 어떻게 신이 되었나』(갈라파고스). 이 책에 관해 내가 블로그에 올린 글을 보라. "How Jesus Became 'God,' per Ehrman," *Larry Hurtado's Blog*, May 29, 2014, https://larryhurtado.wordpress.com/2014/05/29/how-jesus-became-god-per-ehrman/. 그리고 내가 출간한 리뷰를 보라. "Lord and God," *The Christian Century*, August 6, 2014, 26-28. (이 리뷰는 이 책의 부록에 실려 있다.)

롯한 작업들이 포함된다.³² 나는 이런 주제들을 역사적인 관점에서 다루기 위해 수십 년간 노력해 왔다. 내 견해를 더 자세히 파악하는 데 관심이 있는 독자들에게는 이전에 출간된 내 글들을 살필 것을 권한다. 이어지는 논의에서는 더 넓은 로마 시대의 정황에 속한 예배의 맥락에서 볼 때, 초창기 기독교 문헌에 담긴 예배 의식들이 어떤 의미를 지니는지에 초점을 두려 한다.

---

32 David B. Capes, *Old Testament Yahweh Texts in Paul's Christology*, WUNT 2/47 (Tübingen: J. C. B. Mohr [Paul Siebeck], 1992); Carey C. Newman, *Paul's Glory-Christology: Tradition and Rhetoric*, NovTSup 69 (Leiden: Brill, 1992). 예를 들어 다음의 책들도 살펴보라. Larry J. Kreitzer, *Jesus and God in Paul's Eschatology*, JSNTSup 19 (Sheffield: JSOT Press, 1987); Carl J. Davis, *The Name and Way of the Lord*, JSNTSup 129 (Sheffield: JSOT Press, 1996).

2장

고대 세계의 예배

여러 역사적인 이유로, 기독교 전통에서 자라난 우리는 대부분 한 사람의 종교적인 심성과 태도를 나타내는 핵심 표현은 신앙고백과 신조, 즉 믿음의 내용을 진술하는 일련의 명제들에 있다고 여기게 된 듯하다. (적어도 서구의 경우에는 그러하다.) 분명히 그리스도인들은 신앙고백을 발전시키고 신학적 주제들을 탐구하는 데 오랫동안 상당한 노력을 쏟아 왔다. 사도신경이나 니케아 신조, 또는 그 이후의 수많은 신앙고백 문서를 생각해 보라. 이런 문서들은 여러 세기에 걸쳐 기독교 공동체와 교단들의 성격을 규정하기도 했고, 때로는 이 공동체와 교단들을 분열시키기도 했다.

특히 개신교 종교 개혁기와 그 이후의 17세기에, 어떤 이들이 기독교적인 공동체 안에 포함될지, 아니면 배척을 당하거나 심지어 사형에 처해지게 될지는 신앙고백의 일치 여부에 따라 결정되곤 했다. 이때 요구된 것은 그저 신앙의 기본 항목들이 아니라 그 세부 사항들에 관한 일치였다. 예를 들어, 당시 성찬의 종교적 의미를 표현하는 방식상의 차이 때문에 서로 신랄한 논쟁을 벌이고 배척했던 일들을 생각해 보자. 당시 한 사람이 동료 신자로 인정될지, 아니면 이단자로 취급될지는 그가 "실제 임재"(성찬 시에 그리스도가 실제로 임재한다는 입장 - 역주)나 "화체설"을 비롯한 당대의 여러 신학적 체계 가운데 어떤 것을 고백하는지에 따라 결정될 수 있었다. 실제로 당시 대부분의 기독교 공동체는 성찬에 참여할 수 있는 전제 조건으로 성찬에 관해 일치된 이해를 보일 것을 요구했다. 이는 참으로 이상한 일이 아닌가? 기독교 공동체의 상징으로 여겨지는, 이 핵심 예식인 성찬에 참여할 자격이 세례를 받고 기독교 신앙을 고백하는 데 달려 있지 않았던 것이다. 오히려 그 자격은 성찬을 이해하는 **방식**에 관한 특정한 신학적 진술에 동의하는 데 달려 있었다!

물론 그 이후에도, 때로는 매우 복잡한 신학적 사안들에 관한 견해차가 상호 배척의 토대가 되었다. 나는 '다섯 가지 요점'(흔히 'TULIP'으로 약칭되는 칼뱅주의의 핵심 주장 - 역주)을 주장하는 칼뱅주의자들이 '세 가지 요점'(핵심 주장 가운데서 '제한 속죄'나 '불가항력적 은혜', 또는 '제한 속죄'나 '전적 부패' 등의 두 가지 항목을 제외한 것 – 역주)을 주장하는 칼뱅주의자들을 배척하는 말을 들어 본 적이 있다! 그러니 실질적으로, 어떤 신앙고백 체계에 온전히 동의하는지 여부에 모든 것이 달려 있었던 셈이다. 간단히 말하면, 지금까지 지배적인 위치를 차지해 온 관점은 곧 종교의 핵심이자 결정적인 중요성을 지닌 것은 교리이며 예배는 그저 교리의 부산물에 불과하다는 것이다.

하지만 고대의 로마 세계에서는 이와 사정이 달랐다.[1] 당시에 '종교'로 부를 만한 것은 주로 예식적인 행위들, 특히 제사였다.[2] 물론 그 시대에도 종교적인 신념들이 있었다. 예를 들어, 사람들은 신들이 존재하며 올바른 종류의 기원에 응답한다는 것을 믿어야만 했다. 이는 이런 신념이 그 예식적인 행위들에 참여하기 위한 전제였기 때문이다. 하지만 대부분의 경우에 종교적인 신념은 좀 더 암묵적인 성격을 지녔으며, 이후

---

[1] 로마 시대의 종교를 다룬 탁월하고 광범위한 개관서로는, Mary Beard, John North, and Simon Price, *Religions of Rome*, 2 vols. (Cambridge: Cambridge University Press, 1998)를 보라.

[2] 한편 Brent Nongbri, *Before Religion: A History of a Modern Concept* (New Haven: Yale University Press, 2013)도 살펴보라. 이 책에서는 '종교'를 하나의 개별적인 활동으로 다룬 근대의 용어와 개념이 어떻게 형성되었는지를 보여 준다.

의 기독교 전통에서처럼 중요하게 부각되지 않았다.[3]

더 나아가 로마 세계의 다양한 신들은 대체로, 사람들의 일상적인 삶이나 '윤리'에 그다지 관여하지 않았다. 물론 여기서 유대교의 신인 하나님과 그분의 토라에 기록된 수많은 계명은 주요한 예외였다. '이교도'들의 경우, '윤리'에 관한 가르침은 대개 종교보다는 철학의 영역에 속한 것이었다.[4] 그러니 당시에는 교리나 행실에 관한 가르침보다, 한 사람이 어떤 신들에게 예배하며 어떤 성격의 예배를 드리는지가 그의 종교적 성격을 규정했다고 말할 수 있다. 간단히 말해, 일반적으로 로마 시대 종교의 핵심에 있었던 것은 바로 '숭앙 의식'(cultic practice), 특히 오늘날 우리가 '예배'라고 부르는 것에 해당하는 제사였다.[5]

당시의 사람들은 대개 어떤 신적인 도움이 필요할 때 전통적인 신들에게 나아갔다. 이때에는 도움을 청하는 자신의 기

---

[3] Charles King, "The Organization of Roman Religious Beliefs," *Classical Antiquity* 22 (2003): 275-312.

[4] 예를 들어 내 책인 *Destroyer of the Gods: Early Christian Distinctiveness in the Roman World* (Waco, TX: Baylor University Press, 2016)의 5장에서 이 문제를 논의한 내용을 보라. 『처음으로 기독교인이라 불렸던 사람들』(이와우).

[5] 다만 기독교 전통에서 '의식 관행'이 숭앙이나 '예배'로 알려지게 된 것과 달리, 로마 시대의 의식 관행은 대개 기원과/또는 응답된 기원에 대한 감사에 더 가까웠다. 예를 들어 M. P. Nilsson, "Pagan Divine Service in Late Antiquity," *Harvard Theological Review* 38 (1945): 63-69; Royden Keith Yerkes, *Sacrifice in Greek and Roman Religions and Early Judaism* (London: Black, 1953)을 보라.

도에 그 신이 응답할 것을 기대하면서 미리 예물을 바치거나, 또는 그 응답에 대한 답례로서 예물을 드리겠다고 약속하는 것이 관례였다.[6] 이런 관행은 지금 고대의 이교 사원에서 발견되는 많은 봉헌물을 통해서도 살펴볼 수 있다. 이런 봉헌물은 대개 감사의 표시로 그 신이나 신전에 바친 작은 물건이었다. 한 예로, 신이 어떤 사람의 발을 치료해 주었을 경우, 그는 그 신을 섬기는 사원에 발 모양의 작은 모형을 바칠 수 있었다. (이때는 물론 제물도 함께 드렸다.) 이런 물건들은 각 지역의 장인들이 만든 것이며, 사원과 신전을 방문하는 이들이 구입할 수 있었다.

또한 당시에는 여러 도시의 전통적인 수호신들을 기리는 정기적인 예식들이 있었으며, 가족의 수호자로 여겨졌던 집안의 신들에게 감사하는 예식도 있었다. 그리고 이 논의의 초점인 로마 시대에는 통치자들에게 바치는 예식들도 있었다. 처음에 그런 예식은 세상을 떠난 황제들을 위한 것이었지만, 이후에는 살아 있는 황제도 그 대상에 포함되었다.[7] 로마 시

---

6 예를 들어 John Pinsent, "Roman Spirituality," in *Classical Mediterranean Spirituality*, ed. A. H. Armstrong (New York: Crossroad, 1986), 154-94; Ramsay MacMullen, *Paganism in the Roman Empire* (New Haven: Yale University Press, 1981); Javier Teixidor, *The Pagan God: Popular Religion in the Graeco-Roman Near East* (Princeton: Princeton University Press, 1977)를 보라.
7 로마의 황제 숭배를 다룬 많은 작품 가운데는, 예를 들어 S. R. F. Price, *Rituals and Power: The Roman Imperial Cult in Asia Minor* (Cambridge: Cambridge

대의 종교를 생생히 서술한 책의 제목처럼, 당시 그곳은 "신들로 가득 찬 세계"였다.[8]

사실 당시에는 숭앙 의식, 곧 예배를 통해 어떤 신의 실재와 정당성을 확언했다고도 말할 수 있다. 그러므로 어떤 신에게 경배하기를 거부하는 일은 그 신에게 무례를 범하는 것일 뿐 아니라 불경한 행위였으며, 실질적으로 그 신의 실재를 부정하는 일이었다. 당시에 어떤 이가 신들에게 경배하기를 거부할 때, 많은 경우에 그는 사람들에게 보복을 당하거나 최소한 분노의 대상이 될 수 있었다. 이는 그 일을 노엽게 여긴 도시의 신들이 그 도시를 전염병 같은 재앙 가운데 내버려 둘 수 있으며, 집안의 신들 역시 그 가정을 질병 등의 위험에서 지켜주지 않을 수 있었기 때문이었다.

그러므로 로마 시대에 신들에게 예배하기를 거부하는 이는 적대의 대상이 될 뿐 아니라, 심지어는 불경함과 무신론의 죄목으로 고발될 수 있었다.[9] 초기의 그리스도인들은 이처럼 신

University Press, 1984); Fergus Millar, *The Emperor in the Roman World, 31 B.C. – A.D. 337* (Ithaca, NY: Cornell University Press, 1977); Jeffrey Brodd and Jonathan L. Reed, eds., *Rome and Religion: A Cross-Disciplinary Dialogue on the Imperial Cult* (Atlanta: Society of Biblical Literature, 2011)가 있다.

8 Keith Hopkins, *A World Full of Gods: Pagans, Jews, and Christians in the Roman Empire* (London: Weidenfeld & Nicolson, 1999).
9 Anders B. Drachmann, *Atheism in Pagan Antiquity* (London: Gyldendal, 1922); Jan N. Bremmer, "Atheism in Antiquity," in *The Cambridge Companion to*

들에 대한 경배를 거부한 일 때문에 종종 적개심에 시달렸으며, 때로는 그 이유 때문에 무신론자로 고발되기까지 했다.[10] 아마도 초기 기독교 운동이 사람들에게 반감을 산 가장 큰 이유는 이렇게 로마 세계의 다양한 신에게 바치는 제사에 참여하기를 거부한 데 있었을 것이다. 초기 기독교의 비판자였던 2세기 이교도 켈수스는 그리스도인들이 이같이 전통적인 신들에게 경배하기를 거부하는 일을 뉘우치기만 한다면, 그들이 지닌 다른 이상한 특징은 다 용납해 줄 수 있다고 언급했다.[11] 물론 당시의 철학자들은 때때로 신들의 본성에 관해, 또 그 신들이 과연 인간의 삶을 보살피는지에 관해 토론하고 논쟁했다. 하지만 중요한 것은 사람들이 그 신들에 대한 예배에 실제로 동참하는지 여부였다. 그러므로 신들에 관해 의심을 품었던 철학자들조차도 이 신들을 공적으로 숭상하는 예식에

Atheism, ed. Michael Martin (Cambridge: Cambridge University Press, 2007), 11-26.

10 예를 들어 *Martyrdom of Polycarp* 3.2에서는 이교도 군중이 이렇게 외쳤다고 묘사한다. "무신론자들을 없애 버리자!"

11 켈수스의 비판이 담긴 글 *The True Word*의 주된 내용은 이후에 오리게네스가 쓴 반박문을 통해 파악할 수 있다. 오리게네스가 쓴 반박문의 영역본은 다음과 같다. Henry Chadwick, trans., *Origen: Contra Celsum* (Cambridge: Cambridge University Press, 1965). 내 책 *Destroyer of the Gods*, 20-36에서 이교도들이 초기의 그리스도인들을 어떻게 비판했는지에 관한 논의를 살펴보라. 그리고 같은 책, 37-76에서 초기의 기독교를 "새로운 종류의 신앙"으로 논한 것도 살피기 바란다. 다음의 책에 담긴 더 자세한 논의도 참조하라. Robert L. Wilken, *The Christians as the Romans Saw Them* (New Haven: Yale University Press, 1984).

는 참여하는 모습을 보였다. 당시에 있었던 신들에 관한 철학적 논의를 살필 때, 일반 대중의 종교 의식 관행에 중요한 영향을 끼칠 의도가 있었다는 흔적은 드러나지 않는다.

앞서 언급한 요점을 다시 강조하자면, 이는 이 신들이 각 가정과 도시와 민족, 심지어는 로마 제국 자체의 수호자로 여겨졌기 때문이다. 그렇기에 사람들은 (다시 언급하자면 특히 제사를 통해) 신들에게 경배함으로써 전염병 같은 위험에서 보호를 받고, 음식을 마련하는 일과 건강과 안전한 출산을 비롯한 여러 일에서 그 신들의 도움을 얻고자 했다. 따라서 그 신들에게 경배하기를 거부하는 일은 불경하고 무책임할 뿐 아니라 반사회적인 것이기까지 했다. 이는 그런 행동이 그 가정과 도시, 또는 더 큰 사회 공동체를 위험에 처하게 만들 수 있었기 때문이다. 그렇다고 일종의 점검표를 만들어 두고서 온갖 다양한 신에게 일일이 경배해야만 하는 것은 아니었다. 다만 당시에는 어떤 신에게 경배해야 할 상황이 오면, 기꺼이 그 경배에 동참하는 것이 마땅한 일이었다. 만일 어떤 이가 그렇게 경배하기를 거부할 경우, 그는 틀림없이 이상한 사람으로 간주되었을 것이다.

물론 이교의 신들에게 경배하기를 거부함으로써 어려움에 처한 것은 그리스도인들이 처음이 아니었다. 실제로 초기의 그리스도인들이 보인 태도는 로마 시대 유대교의 특징이었던 의식(儀式)의 배타성을 이어받은 것일 뿐이다. 초기 기독교 운동은 처음에 바로 이 유대교를 모체로 삼아 생겨났던 것이다. 이런 의식의 배타성과 고대 세계에서 의식 관행이 지녔던 중요성을 모두 보여 주는 사례로서, 우리는 유대인들이 그들을 문화적으로 동화시키려는 셀레우코스 왕조의 시도에 저항했던 일을 서술한 마카베오 1서의 이야기를 살펴볼 수 있다. 이 책의 2:15-28에서 셀레우코스 왕조의 관리들은 "왕명대로" 제사를 드리도록 유대인들을 설득하며 "배교를 강요하기" 위해 유대 지역 마을인 모데인(Modein)을 찾아왔다. (이 제사는 아마 그 이교도 왕이 따르는 신에게 제물을 바치는 일이었을 것이다.) 하지만 맛다디아(Mattathias)는 그 요구를 거절하면서, 자신과 자신의 아들들은 조상들의 "종교"(religion)를 포기하지 않을 것이라고 단언했다(22절, 이것은 NRSV의 표현이다). 여기서 "종교"로 번역된 그리스어 단어는 *latreia*(섬김)이며, 이 문맥에서 이 단어는 예배 행위를 가리킨다. 곧 여기서는 이스라엘의 하나님에 대한 (제사를 통한) 예배가 셀레우코스 왕조의 신에 대한 예배와 대립했던 것이다. 그런데 한 유대인이 그 관리의 요구대로 이교의 제단에 제사를 드리자(23절), 맛다디아는 그 유대인과 관리를 모두 죽이고 제단을 허물어 버린다. 그러고는 "누구든지 율법을 향한 열심이 있고 언약을 옹호하는 사람"은 뒤이을 자신의 반란에 동참하라고 요구한다(24-

28절). 이와 마찬가지로 마카베오 가문의 순교자들에 관한 이야기에서도, 그들에게 요구된 일은 일종의 신앙고백 문서에 서명하는 것이 아니라 오히려 이교의 제사에 참여하는 것이었다(예를 들어, 마카베오 2서 6:18-7:2). 요약하면, 적어도 이한 가지 요점에 관해서는 유대인들과 이교도들 모두 같은 태도를 보였다. 곧 당시에 이른바 '종교'로 간주되었던 것은 바로 특정한 신에게 드리는 경배 의식(제사)이었던 것이다. 당시의 경건한 유대인들에게 하나님을 향한 경배는 배타적인 성격을 지녀야 했으며, 따라서 그들이 다른 신들에게 제사하는 것은 '우상 숭배'였다. (이 점에 관해서는 다음 장에서 다시 논할 것이다.) 이교도들이 보기에, 불쾌하고 반사회적이기까지 한 유대교의 특징은 바로 이같이 다른 신들에 대한 경배를 거부하는 그 배타성에 있었다.

이 마카베오 시대의 이야기들과 다소 유사하게, (2세기 초엽에 본도와 비두니아 지역의 로마 총독이었던) 플리니우스(Pliny)는 그리스도인으로 고발당한 이들을 어떻게 다루었는지를 기록한 보고서를 남겼다. 이 보고서에 따르면, 플리니우스는 이교의 신들에게 드리는 기도를 암송할 것과 황제의 초상 앞에 향을 피우고 포도주를 바치면서 기원을 드릴 것과 그리스도를 저주할 것을 그리스도인들에게 요구했다. 여기서 주의할 것은 이 일들 모두 예식적인 행위라는 점이다. 그리스도를 말로써 저주하는 행위 역시 마찬가지다. 그리스도인으로 고발된 이들이 이런 일들을 행하는 것은 과연 그들이 기존의 종교적 입장을 따르는지 여부를 드러내는 표시였다.[12]

다시 요점을 강조하자면, 고대 정황에서 '종교'의 핵심 표현은 예배/예식 관행에 있었다. 일반적으로 교리나 신념은 좀 더 암묵적인 (심지어는 별 상관이 없는) 문제였다. 우리가 초창기 기독교를 제대로 파악하기 위해서는, 당시 로마 세계에서 '종교'의 내용을 규정할 때 예배가 으뜸가는 중요성을 지녔다는 점을 이해해야만 한다. 당시에 예배 관행상의 발전이나 차이점은 대단히 중요한 것이 될 수 있었다. 실로 초기 기독교에 관한 역사적인 접근에서 예배 관행은 핵심적인 사안으로 간주되어야 하며, 부차적인 것으로 경시되거나 과소평가되어서는 안 된다.

---

12 플리니우스의 이 보고서를 비롯한 편지들의 본문과 주석을 살펴보려면, A. N. Sherwin-White, *The Letters of Pliny: A Historical and Social Commentary* (Oxford: Clarendon, 1966)를 보라. 플리니우스에 관한 내 논의로는 *Destroyer of the Gods*, 22-26을 보라. 초기 기독교 순교자들 이야기는 당시에 제사가 지녔던 중심적 역할을 더욱 확증해 준다. 예를 들어 *Martyrdom of Sts. Perpetua and Felicitas*(성녀 페르페투아와 펠리키타스의 순교기) 같은 책이 그런 경우이다. 3세기에 데키우스 황제 치하(249-51)에서 발행된 제사 증명서 역시 그런 성격을 보여 준다. 초기 기독교와 로마 세계의 관계를 다룬 문헌들의 유용한 모음집을 원한다면 J. Stevenson, ed., *A New Eusebius* (London: SPCK, 1974)를 보라.

3장
고대 유대교의 유일신론

먼저 우리가 주의할 것은 로마 시대 당시에는 모든 민족에게 각자의 고유한 신들이 있었으며, 일반적으로 어떤 민족에 속한 이들이든지 다른 민족이 섬기는 신들의 정당성을 받아들였다는 점이다. 당시에는 여러 민족이 섬기는 다양한 신들이 법적으로 타당하고 경배를 받기에 합당한 존재들로 널리 인정되었다.[1] 따라서 어떤 이가 자신의 거주지 밖으로 여행할 때, 그는 자신이 섬기는 신들을 위한 예식뿐 아니라 낯선 신들

---

1 그러나 일부 전통주의를 고수하는 로마인들도 있었다. 이들은 이방의 신들과 그들을 숭배하는 예식이 로마시 내부에서 기반을 다져 가는 것을 반대했다. 다만 그들도 이방의 신들이 이방의 지역에서 경배를 받는 것에 관해서는 반대하지 않았다.

을 기리는 예식에도 기꺼이 참여할 수 있었다. 당시에는 어떤 이가 다른 도시나 민족의 신들에게 경배할 경우, 그가 섬기는 신들이 노여워할 것이라는 관념이 없었기 때문이다. 다만 여기서 예외가 되는 것은 주로 유대인들이 보인 태도였다.

앞서 언급했듯이 자신을 유대인으로 여기는 이들은 철저히 자신들의 유일하신 신에게만 예배를 드렸으며, 다른 신들에 대한 예배를 '우상 숭배'로 간주했다. 여기서 이 '우상 숭배'(idolatry)라는 용어는 유대인들이 다른 민족의 신들을 경멸하는 태도로 대했음을 보여 준다. (그리스어로는 *eidōlolatria*, 곧 '우상에 대한 종교적 섬김'이라는 뜻이다. 이 호기심을 끄는 용어는 유대교의 용례에서 생겨난 것으로 보인다.) 하지만 당시 이교도들은 자신들이 섬기는 신을 '우상'으로 여기거나, 자신들의 경배를 '우상 숭배'로 생각하지 않았을 것이 분명하다! '우상'(idol, 그리스어로는 *eidōlon*)이라는 용어는 환영 또는 마음속의 관념에 불과한 것을 나타내며, 따라서 '우상 숭배'는 환영에 불과한 존재, 적어도 정당한 대상이 아닌 존재에게 경배하는 것을 의미했기 때문이다. 그런데 여기서 강조할 점이 있다면, 유대인들이 문제로 여긴 것은 이교의 신들이 **존재하는지** 여부가 아니었다. 오히려 그들이 문제시한 것은 그 신들에게 **경배하는** 것이 잘못된 일이라는 데 있었다. 많은 경우, 유대인들은 이교의 신들이 (비록 악한 존재일지라도) 실재하는 존재라는 것을 인정할 준비가 되어 있었다. (그리고 이 점은 그리스도인들도 마찬가지였다.) 하지만 그들이 문제시한 요점은 이런 존재들이 경배의 합당한 대상이 아니라는 데 있었다. 이 경배는 유일하신 하나님께만 드려야 마땅했기 때문이다.

내가 언급하는 '고대 유대교의 유일신론'으로 의미하려는 바는 이 예배 의식의 배타성이다. 그런데 여기서 용어상의 논점을 정확히 밝힐 필요가 있다. 이는 이 '유일신론'이라는 용어가 얼마간 비판의 대상이 되었기 때문이다. 학자들은 이 점에 관해, 다음과 같이 올바른 이의를 제기해 왔다. 곧 대부분의 사전에서 정의하듯이 '유일신론'은 오직 하나의 신만이 **존재한다**는 신념을 의미하며, 따라서 고대의 유대인들이나 그리스도인들의 특징을 묘사하는 데 이 용어를 사용하는 일은 적절치 않다는 것이다.[2] 앞서 언급했듯이, 고대의 유대인들은 이교의 신들이 존재한다는 것 자체를 부정하는 데 관심을 두지 않았던 것이 분명하다. (이는 이후의 그리스도인들 역시 마찬가

---

[2] 예를 들어 Peter Hayman, "Monotheism: A Misused Word in Jewish Studies?," *Journal of Jewish Studies* 42 (1991): 1-15; Paula Fredriksen, "Mandatory Retirement: Ideas in the Study of Christian Origins Whose Time Has Come to Go," *Studies in Religion/Sciences Religieuses* 35 (2006): 231-46, republished in *Israel's God and Rebecca's Children*: *Christology and Community in Early Judaism and Christianity; Essays in Honor of Larry W. Hurtado and Alan F. Segal*, ed. David B. Capes et al. (Waco, TX: Baylor University Press, 2007), 25-38 을 보라.

지였다.) 실제로 일부 유대교와 초기 기독교 문헌에서 이교의 신들은 실존하는 마귀, 또는 타락한 천사들로 언급된다. 이들은 그 민족들을 미혹시켜 자신을 그들의 신으로, 곧 예배의 대상으로 삼도록 이끌어 간 존재들이다. 달리 말해, 많은 경우에 유대인들은 이교의 신들이 실제로 존재하거나 실제 존재를 반영하고 있음을 받아들였던 것으로 보인다. 그들에게 이 점은 문제가 되지 않았다. 오히려 중요한 문제는 이런 신들이 합당한 예배 대상인지에 있었다. 예를 들어 고린도전서 10:19-21에 기록된 바울의 말을 살펴보자.

> 그런즉 내가 무엇을 말하느냐 우상의 제물은 무엇이며 우상은 무엇이냐 무릇 이방인이 제사하는 것은 귀신에게 하는 것이요 하나님께 제사하는 것이 아니니 나는 너희가 귀신과 교제하는 자가 되기를 원하지 아니하노라 너희가 주의 잔과 귀신의 잔을 겸하여 마시지 못하고 주의 식탁과 귀신의 식탁에 겸하여 참여하지 못하리라[3]

---

[3] 바울의 이 말에는 자신이 유대교에서 물려받은 이교의 신들에 관한 태도가 담겨 있다. 이런 태도는 칠십인역(LXX)의 신명기 32:17, 시편 95:5, 이사야 65:3에서 나타나는 바와 같다. 또한 예를 들어 희년서(Book of Jubilees) 22.16-17과 에녹 1서 99.7을 살펴보라. 그러나 그의 이 말에는, 유대교의 의식 관행에서 일어난 것으로 초기 기독교 운동의 특징이 되었던 독특한 '변이' 역시 담겨 있다. 바울의 말에서 언급된, 그분의 잔과 식탁에만 참여하라고 할 때의 "주"는 곧 부활하시고/높이 되신 예수를 의미하는 것이 분명하기 때문이다.

그러므로 용어상의 문제와 관련해서, '유일신론'에 관한 사전적 정의가 고대 세계의 상황에 적절히 들어맞지 않는다 해도, 앞서 학술지 논문에서 제안했듯이, 나는 로마 시대 유대교 전통의 특징이었던 의식(儀式)과 관련한 단호한 배타성을 나타내는 유용한 명칭으로서 '**고대 유대교의 유일신론**'을 언급할 수 있다고 본다.[4] 고대 유대교 전통의 특징이었던 이 의식의 배타성을 적절히 표현하기 위해, 어떤 이들은 '고대 유대교의 일신[一神] 숭배'(ancient Jewish monolatry)나 '단일신교'(henotheism, 여러 신 가운데 한 신을 택해서 섬기는 것 - 역주)를 비롯한 다른 명칭을 더 선호할지도 모르겠다. 하지만 우리가 어떤 명칭을 사용하든 간에, 고대 유대교의 전통에서 이 의식의 배타성이 뚜렷이 나타나는 것은 분명하다. 그리고 이 의식의 배타성을 살피는 것은 고대의 유대교를 이해하는 일과 예수-섬김의 역사적 의미를 이해하는 일 모두에서 결정적인

---

[4] 여기서 이 개념은 (사전에 정의된 것과 같은) 현대적인 의미의 '유일신론'이 아니라 '고대 유대교의 유일신론'이며, 이는 주로 의식 관행상의 배타성을 통해 드러났다. 곧 유대인들은 유일하신 하나님만을 예배의 대상으로 삼았다. Larry W. Hurtado, "'Ancient Jewish Monotheism' in the Hellenistic and Roman Periods," *Journal of Ancient Judaism* 4 (2013): 379-400을 보라. "First Century Jewish Monotheism," *Journal for the Study of the New Testament* 71 (1998): 3-26에 실린 이전의 내 논의도 참조하기 바란다. 이 글은 나의 저서인 *How on Earth Did Jesus Become a God? Historical Questions about Earliest Devotion to Jesus* (Grand Rapids: Eerdmans, 2005), 111-33에 다시 수록되었다.

중요성을 지닌다.

물론 헬레니즘 시대 이후의 많은 유대인들은 그리스 문화의 일부 특징을 받아들일 뿐 아니라, 어떤 사안에서는 기꺼이 그 문화에 동화될 준비가 되어 있었다.[5] 예를 들어 디아스포라 지역의 유대인뿐 아니라 유대 본토의 유대인들 역시 그리스어를 널리 썼던 것으로 보인다.[6] 헬라 문화를 전유한 또 다른 예를 들자면, 유대인들은 유월절 만찬과 같은 공적인 식사 자리에서 몸을 옆으로 비스듬히 기대는 그리스의 관습을 널리 받아들였다. 디아스포라 지역의 경우, 때로 유대인들은 이교의 신전에 기부할 뿐 아니라 이교의 신들에게 경의를 표하는 몸짓을 취하기까지 했다. 이는 그 지역 주민들에게 호감을

---

5 유대인들이 더 광범위한 그리스-로마 세계의 문화와 맺은 관계에 대해서는, 여러 연구 가운데서 John M. G. Barclay, *Jews in the Mediterranean Diaspora: From Alexander to Trajan (323 BCE-117 CE)* (Edinburgh: T&T Clark, 1996); Erich S. Gruen, *Diaspora: Jews Amidst Greeks and Romans* (Cambridge, MA: Harvard University Press, 2002)를 보라. 한편 이 분야에서 획기적인 연구로 자주 인용되는 책은 Martin Hengel, *Judaism and Hellenism: Studies in the Encounter in Palestine During the Early Hellenistic Period*, 2 vols. (London: SCM, 1974)이다. 이 저서에서 헹엘은 '디아스포라' 지역들뿐 아니라 유대 본토 역시 그리스어와 그리스 문화의 영향 아래 있었다는 점을 보여 주었다. 그가 이후에 낸 저서 *The "Hellenization" of Judaea in the First Century After Christ* (London: SCM, 1989) 역시 살펴보라.
6 당시 유대 지역의 언어 관습에 대한 여러 연구 가운데, 최근의 것으로 Walter Ameling, "Epigraphy and the Greek Language in Hellenistic Palestine," *Scripta Classica Israelica* 34 (2015): 1-18를 보라. 이 글에는 앞서 이 주제를 다룬 문헌들의 목록이 포함되어 있다. Randall Buth and R. Steven Notley, eds., *The Language Environment of First Century Judaea* (Leiden: Brill, 2014)도 참조하라.

사고, 이를 통해 그곳의 사회에 좀 더 녹아 들어가기 위함이었을 것이다. 알렉산드리아의 필론(Philo of Alexandria) 같은 유대인들은 그리스식의 교육을 받은 것으로 보이는데, 이들은 그리스 학교의 일상적인 의례 중 일부로서 이교의 신들에게 경의를 표하는 행위에 동참해야만 했을 것이다. (또는 적어도 묵묵히 동의해야 했을 것이다.)[7] 당시 로마 세계에서 삶의 모든 영역에는 신들이 자리 잡고 있었으며, 따라서 그 영역들은 이런저런 방식으로 그들의 존재를 시인하는 일들로 가득 차 있었다.

하지만 일반적으로 이 같은 유대인들에게 타협이 불가능한 사안은 의식을 통한 예배의 문제, 즉 이교의 신들에게 드리는 제사와 경배에 직접 참여하는 일에 있었다. 양심적인 유대인들도 자신의 삶을 꾸리기 위해 다양한 종류의 행동을 취하기도 했을 것이며, 디아스포라 지역의 도시에서는 더 그러했을 것이다. 하지만 기록에 따르면, 그들은 이교의 신을 숭배하는 의식에 직접 관여하는 것은 일반적으로 피했다.[8] 그들은 이런

---

7 아마 이전에 미국의 여러 주에서, 각 학교에서 아침 수업을 시작할 때마다 학생들에게 주기도문을 암송하도록 요구했던 것을 이와 비슷한 예로 생각해 볼 수 있을 것이다. (이제는 그런 의무가 없어진 것으로 알고 있다.) 용감한 반대자들은 자신을 그 의무에서 제외해 주기를 요구했겠지만, 다른 학생들은 아마 남들의 비난을 피하기 위해 잠자코 서서 기도를 따라하는 척했을 것이다. 고대 로마 세계의 정황에서, 필론 같은 유대인들 역시 이와 비슷한 방식을 택했을 것으로 보인다.
8 예를 들어 Peder Borgen, "'Yes,' 'No,' 'How Far?': The Participation of Jews

관행을 '우상 숭배'라고 불렀다. 우상 숭배는 가장 중대한 잘못이고, 다른 모든 죄의 원천이 되는 근본적인 죄였다.[9]

이처럼 고대의 유대인들은 이교 신들에 대한 예배를 자신들이 넘어서는 안 될 주요 경계선으로 삼았으며, 이를 통해 예배를 종교의 핵심 표현으로 여겼던 고대 세계의 광범위한 관념을 그들 특유의 방식으로 확증했다. 당시에는 유대인들과 비유대인들 모두 이 점에 동의했다. 그렇기에 예를 들면, 유대인이 아닌 이들은 유대인들이 로마 세계의 다양한 신들에 대한 예배에 동참하기를 거부하는 것을 기괴하고 불쾌하며 반사회적이고, 심지어는 무신론적이기까지 한 태도로 여기는 경향이 있었다. 이는 이미 언급했듯이, 예배는 곧 어떤 신의 실재와 정당성을 확언하는 방식이었기 때문이다. 따라서 어떤 신(들)에게 예배하기를 거부하는 것은 실질적으로 그 신(들)의 실재와/또는 정당성을 부정하는 일이었다.

나아가서 초기의 예수-섬김이 지녔던 중요성을 헤아리기 위해서는, 고대 유대교 전통의 의식에 관련된 배타성이 다른 민족의 신들에게 경배하기를 거부하는 것 이상으로 확대되

---

and Christians in Pagan Cults," in *Paul in His Hellenistic Context*, ed. Troels Engberg-Pederson (Minneapolis: Fortress, 1995), 30-59을 보라.
9 예를 들어 솔로몬의 지혜서 13-15장에 담긴 우상 숭배에 관한 자세한 비판을 살펴보라. 이 비판에는 우상 숭배가 다른 죄들의 근원이 된다는 개념이 포함되어 있다(14:12).

었다는 점 역시 고려해야 한다. 특히 유대인들은 천상의 다양한 존재들에게 경배하는 것 역시 피했던 것으로 보인다. 이 존재들은 하나님을 수행하는 존재, 방대하게 밀집 대형을 이루고 있는 여러 등급의 천사와 천사장들일 것이다. 즉 고대의 유대인들은 이방의 신들뿐 아니라, (이를테면) 자신들의 '홈 팀'(home team)에 속한 이들에게 경배하는 것까지도 거부했던 것이다. 내가 수십 년 전에 제시했듯이, 이 거부의 대상에는 (미가엘 같은) 주요 천사를 비롯한 천상의 존재들, (모세나 에녹처럼) 높임을 받는 성경의 영웅들, 심지어는 ('지혜로운 여인'[Lady Wisdom, 잠언 8장에서 언급되는 의인화된 지혜 - 역주]이나 하나님의 로고스처럼) 하나님 자신의 속성을 인격화한 존재들까지 포함되었다.[10] 이들 중 어떤 존재도 개별적인 예배의 대상이 되지 않았다. 당시에는 이들 중 누구를 예배하기 위한 제단이나 제사, 예배 의식도 없었다. 여기서 이 문제를 강조하는 이유는 최근 일부 연구에서 이 점이 왜곡되었기 때문이다. 이런 연구들은 유대인들이 그런 존재들을 그들의 예배 관행 속에 포함시켰다는 그릇된 주장을 제기한다.[11]

---

10 Larry W. Hurtado, *One God, One Lord*: *Early Christian Devotion and Ancient Jewish Monotheism* (Philadelphia: Fortress, 1988; 2nd ed., Edinburgh: T&T Clark, 1998; 3rd ed., London: Bloomsbury T&T Clark, 2015).
11 예를 들어 바트 어만이 최근에 낸 책인 *How Jesus Became God*: *The Exaltation of a Jewish Preacher from Galilee* (New York: HarperOne, 2014), 54-55, 61을 보

어떤 경우에는 몇몇 존재가 일종의 신적 지위 또는 유사-신격화를 암시하는 언어로 언급되기도 한다. 이에 관한 실례는 한 쿰란 문헌(11QMelchizedek)에서 찾아볼 수 있다. 이 문헌에서는 인상적인 해석을 통해, 멜기세덱이라는 이름의 신비한 인물을 시편 82:1에서 언급된 '엘로힘'(*elohim*)이라는 신적인 존재로 간주한다. 이는 곧 천상에 있는 "하나님의 회

라. 하지만 그의 주장과는 달리, 우리에게는 유대인들이 "다른 신적인 존재들, 예를 들면 위대한 천사들"에게 경배했다는 증거가 없다. 나는 *One God, One Lord*, 24-36에서 대천사들에 관해 이에 관련된 증거를 분석했다. 그 내용을 참조하라. 어만은 자신의 주장을 옹호하기 위해, 로렌 스터켄브룩의 책 *Angel Veneration and Christology* (Tübingen: J.C.B. Mohr [Paul Siebeck], 1995)를 인용한다. 하지만 스터켄브룩은 이른바 천사들에 대한 "공경"(veneration)(이는 본질적으로 고대 유대인들의 종교관에서 천사들이 개념상으로 중요했음을 뜻한다)과 "의식을 통한 예배"(cultic worship)를 서로 구별하고 있다(50n4). 그는 이 예배의 경우에 철저히 하나님만을 위한 것으로 남겨졌다는 점을 확언했다. 또 그는 어떤 유대인 종교 집단에서도 "천사 공경이 하나의 행습으로" 존재했다는 증거가 없다는 것을 인정했다(103). 스터켄브룩이 약간의 증거를 발견했던 구체적인 "공경의" 행습 가운데는 때로 절망적인 상황에서 천사들에게 도움을 기원했던 일(이때에는 그 기원의 대상에 하나님이 자주 포함되었다), 천사들을 인간이 하나님께 드릴 예배의 본보기가 되는 존재로 여겼던 일[예를 들어 쿰란 문헌인 "안식일 제사의 노래들"(Songs of the Sabbath Sacrifice)에서 나타나는 바와 같다], 그리고 "천사들에게 돌려지는 다양한 직무 또는 활동에 대한 응답으로" 드렸던 감사의 말들이 포함된다(200-201). 하지만 스터켄브룩은 이런 행습 중 어느 것도 천사들에 대한 "의식을 통한 섬김"(cultic devotion)에 해당하지는 않는다고 여겼다. 다만 그는 초창기의 유대인 그리스도인들이 더 나아가 예수를 자신들의 의식 관행 체계에 포함시킨 일에 이른바 "공경의 언어"(venerative language), 곧 천사들과 특정한 대천사들의 직무를 장엄하게 묘사하는 말들이 영향을 끼쳤을지도 모른다고 언급한다. 아마 그랬을 수도 있다. 하지만 그의 이 주장에는 실제적인 증거가 없다. 곧 초기의 예수 추종자들이 의식 관행을 통한 자신들의 예수 섬김을 정당화하거나 표현하기 위해 유대인들의 천사 공경을 언급하거나, 또는 그 행습에 의존했다는 증거가 없다는 것이다. 스터켄브룩의 책에 대한 내 리뷰를 보라. *Journal of Theological Studies* 47 (1996): 248-53.

의"(개역개정판에는 "신들의 모임"으로 번역되어 있다. – 역주)에서 중요한 자리를 차지하고 재판을 시행하는 존재이다.[12] 이 구절의 히브리어 본문은 대략 다음과 같이 번역되곤 한다.

하나님[*elohim*]이 신적인 회의[*ba'adat-el*]에 좌정하셨다[또는 "나아가셨다"]. 그분은 신들[*elohim*]의 한가운데에서 판결을 내리신다.

칠십인역(LXX 시편 81:1)에서는 몇 차례에 걸쳐 신적인 존재들을 언급하면서 이 진술을 이해 가능한 것으로 만들려는 모습을 보인다.

하나님[*ho theos*]이 신들의 모임[*synagogē theōn*]에 나아가신다. 그리고 그분은 그 한가운데에서 신들을 재판하실 것이다 [*theous diakrinei*].

이 멜기세덱이라는 인물을 천상의 회의에 서 있는/나아가는 시편 82:1의 '엘로힘'과 동일시한다는 점에서, 이 쿰란 문

---

12   11QMelchizedek (11Q13) 2.9-13. 이 글의 본문과 번역문은 Florentino García Martínez and Eibert J. C. Tigchelaar, *The Dead Sea Scrolls: Study Edition* (Grand Rapids: Eerdmans; Leiden: Brill, 1997), 2:1206-9에 있다.

헌은 독특한 해석상의 움직임을 보여 준다. 그러나 이 인물은 하나님과 경쟁하는 존재가 아니며, 오히려 천상에서 열리는 "신들"의 회의에서 하나님이 지정하신 우두머리 역할을 감당하는 듯하다. (이 "신들" 가운데는 하나님을 수행하는 천사들과/또는 이방 민족들이 섬기는 다양한 신이 포함될 수 있다.) 그러므로 이 쿰란 문헌에서, 멜기세덱은 실질적으로 악의 세력에 맞서 종말론적인 전투를 이끌어 갈 책임을 맡은 하나님의 군대 사령관 또는 장관이다. 이 문헌에서 이 인물을 시편 82:1의 '엘로힘'으로 언급하는 것은 상당히 주목할 만한 일임이 분명하다. 그러나 이같이 인상적인 주해상의 움직임에도 불구하고, 여기서 다시 강조할 점은 이 멜기세덱뿐 아니라 고대의 다양한 유대교 문헌에서 묘사된 여러 '주요 대리자' 중 그 누구도 의식을 통한 섬김의 정당한 대상으로 간주되지 않았다는 것이다. 이런 존재들뿐 아니라, 더 넓게는 천사들도 '신들'로 지칭될 수 있었다. 하지만 예배의 문제에 관한 한, 이런 존재들은 성경의 하나님과 엄격히 구별되었다. 여기서 강조할 점은 곧 유대인들은 자신들이 섬기는 하나님의 유일성을 보호하기 위해 무엇보다도 의식을 통한 예배는 오직 그분께만 드리는 것으로 남겨 두었다는 것이다. 제사뿐 아니라 기도와 경배 역

시 대개는 유일하신 하나님께만 드려졌다.[13]

내가 제시한 견해를 입증하는 사례로서 토비트서를 살펴보자. 이 이야기에는 라파엘이라는 대천사가 등장한다. 이 라파엘은 (인간으로 변장해서) 젊은 토비아를 메데에 있는 친척들에게 데려가서, 토비아와 그의 신부 사라를 안전하게 돌보고, 그런 다음에는 이 행복한 부부를 데리고 토비아의 늙은 아버지 토비트가 있는 집으로 돌아온다. 이야기의 끝부분에서 라파엘은 자신의 참된 본성과 지위를 밝힌다. 곧 그는 "거룩하신 분의 영광스러운 임재 앞에 나아가 성도들의 기도를 전달하는 거룩한 일곱 천사 중 하나"였던 것이다(토비트 12:15). 한편, 이 책에는 수많은 기도가 등장하는데 이 기도들은 모두 하나님께만 드려지고 있다.[14] 실제로 라파엘은 토비트와 토비아에게 하나님을 찬양하고 그분께만 기도할 것을 권고한다(12:6-7). 그리고 라파엘은 자신이 대천사임을 드러낸 후에도 그들에게 다시 "하나님께 감사할" 것을 강권하며, 이에 그들은 그대로 행한다(12:20-22). 그 뒤에는 토비트의 긴 찬미의 기도가 이어지는데, 이 기도는 오직 하나님께만 드려지는 것

---

13 여기서도 내 책 *One God, One Lord*의 여러 부분에서 이런 문제들을 분석한 내용을 살펴볼 것을 추천한다.
14 토비트서에서는 기도들이 상당한 부분을 차지한다: 3:1-6, 11-15; 8:5-9, 15-17; 11:1-2, 14-15; 13:1-18.

이다. 이 단락에서는 라파엘을 비롯한 다른 존재가 전혀 언급되지 않는다(13:1-18). 여기서 내 요점은 이 문헌처럼 다양한 주요 천사를 중심인물로 등장시키며 숭엄한 방식으로 그들을 묘사하는 고대 유대교 문헌에서조차도, 기도와 예배는 유일하신 하나님께만 드려진다는 것이다.[15]

그리고 이 점은 유대인들이 이런 다양한 존재에게 보인 관심이 자신들의 하나님에 대한 거리감이나 소외감에서 나온 것이 아님을 보여 준다. 유대인들은 기도할 때, 이런 존재들에게 의존하지 않고 하나님께 직접 기도했기 때문이다. 그리스-로마 시대 당시 유대인들이 드렸던 기도의 증거에는, 하나님이 가까이 계시면서 그들의 기도를 들으신다는 확신이 담겨 있다. '주요 대리자'들은 하나님을 대체하는 존재가 아니었다. 오히려 그들은 하나님이 지닌 주권의 표현, 혹은 그 수단으로 봉사했던 것으로 보인다. 그리고 그들은 하나님을 마치 강력한 수하들을 거느린 위대한 군주처럼 묘사하는 그림의 일부

---

15 예를 들어, Norman B. Johnson, *Prayer in the Apocrypha and Pseudepigrapha: A Study of the Jewish Concept of God*, SBLMS 2 (Philadelphia: Society of Biblical Literature, 1948); James H. Charlesworth, "Jewish Hymns, Odes, and Prayers (ca. 167 B.C.E.-135 C.E.)," in *Early Judaism and Its Modern Interpreters*, ed. Robert A. Kraft and G. W. E. Nickelsburg (Atlanta: Scholars Press, 1986), 411-36.; Tessel M. Jonquiere, *Prayer in Josephus*, AJEC 70 (Leiden: Brill, 2007); Michael Matlock, *Discovering the Traditions of Prose Prayers in Early Jewish Literature*, LSTS 81 (London: T&T Clark, 2012)을 보라.

로 기능한 것처럼 보인다. 강조하기 위해 요점을 반복하자면, 예배에 관한 고대 유대인들의 지배적인 입장은 단순히 이방의 것을 배척하는 태도가 아니었다. 오히려 그들은 오직 유일하신 하나님만을 예배의 합당한 대상으로 삼으려는 데 관심을 쏟았던 것으로 보인다. 구체적으로 이 예배에는 각 개인이 드린 공개적인 기도와 경배, 그리고 유대인들의 종교적 정체성을 뚜렷이 드러내는 역할을 했던 공동 경배가 포함된다.

한편, 당시에 일부 유대인은 '마술적인' 행습에 관여했다는 증거가 분명히 있다. 여기에는 여러 강력한 영을 불러내는 행위가 포함되어 있었으며, 때로는 천사들도 그 대상이 되었다.[16] 그런데 그 정의상 '마술'에는 은밀한 의식 행위가 수반되며, 이런 행위들은 어떤 집단의 정체성을 드러내는 공동의 의식이 될 수 없다. 사람들은 이를테면 '달이 뜨지 않는 밤'에 마술을 행하곤 한다. 따라서 이는 그들의 종교적인 소속감과 헌신에 관한 공개적인 표현이 아닌 셈이다. 여기서 문제는 고대의 일부 유대인들이 어떤 종류의 은밀한 의식들에 몰두했는지에 있지 않다. 오히려 중요한 질문은 고대 유대인들이 전체

---

16 예를 들어, Peter Schäfer, "Magic and Religion in Ancient Judaism," in *Envisioning Magic: A Princeton Seminar and Symposium*, ed. Peter Schäfer and Hans G. Kippenberg (Leiden: Brill, 1997), 19-44를 보라. 이제는 특히 Gideon Bohak, *Ancient Jewish Magic: A History* (Cambridge: Cambridge University Press, 2008)를 참조하라.

적으로 실천하고 따랐던 공개적인/공적인 예배의 형태가 어떤 것이었는지에 있다. 더구나 기디언 보학(Gideon Bohak)이 고찰했듯이, 고대 유대인들 사이에 있었던 마술적인 행습의 특징들은 실제로 다양한 마술의 목표를 이루기 위해 불러냈던 여러 존재들과 하나님 사이에 뚜렷한 구별이 있었음을 보여 준다. 그리하여 보학은 당시 마술적인 행습에 관여했던 유대인들의 경우, 그런 행습을 오직 유일하신 하나님께 드리는 예배와 경쟁하거나 충돌하는 것으로 삼을 의도가 없었다고 결론지었다.[17]

이런 배타성이 특히 로마 시대의 예루살렘 성전에서 드려진 예배/제사에 적용되었던 것은 물론이다. 이 성전에서 하나님 외에는 다른 어떤 존재에게도 경배하지 않았다는 점은 매우 중요하다. 이곳은 유대 민족의 성지로서, 유대의 종교를 가장 뚜렷이 드러내는 기관이었기 때문이다. 이곳에는 유일하신 성경의 하나님 외에 다른 어떤 존재에게 드리는 제사나 제단이 없었다.[18] 그리고 우리가 파악할 수 있는 한, 이런 배타성은 회당의 집회와 같은 유대의 다른 종교적 정황 가운데서도 나타났다. 고대 회당에서는 유일하신 하나님만이 기도를

---

17 Bohak, *Ancient Jewish Magic*, 51-62, "Magic and Monotheism."
18 바로 이 배타성의 측면에서, 헬레니즘/로마 제국 시기의 예루살렘 성전은 '포로기 이전' 시기의 성전과 구별되는 것으로 보인다.

비롯한 의식 행위의 대상이 되었던 것으로 보인다. 심지어 쿰란 공동체 같은 유대교 내 소수 분파들까지도, 하나님께만 예배해야 한다는 이 엄격한 규정을 준수했다.[19] 쿰란 공동체는 여러 문제에서 다수의 유대인들과 날카롭게 구별되는 모습을 보였지만, 그럼에도 의식과 관련된 이 철저한 배타성만은 공유했던 것이다.

그런데 혹시 에녹 1서의 '비유들'(the Similitudes of 1 Enoch)에서 장엄하게 묘사된 그 신비스러운 인물은 예외가 될 수 있을까? 이 책의 본문에서 그는 "선택된 자/택함을 받은 자"로 언급되는 경우가 가장 많지만, "의로운 자", "이/저

---

19 쿰란 문헌인 '안식일 제사의 노래들'은 (하늘에 있는) 천사들과 **함께** 찬송하는 일에 사용된 문서였지, 그 천사들**에게** 바치는 것이 아니었음은 분명하다. 이 문헌에 관해서는 James H. Charlesworth and Carol A. Newsom, eds., *Angelic Liturgy: Songs of the Sabbath Sacrifice* (Louisville: Westminster John Knox Press, 1999); Philip S. Alexander, *The Mystical Texts: Songs of the Sabbath Sacrifice and Related Manuscripts* (London: T&T Clark, 2006)를 보라. 쿰란 공동체의 기도 관행에 대해서는 Daniel K. Falk, *Daily, Sabbath, and Festival Prayers in the Dead Sea Scrolls* (Leiden: Brill, 1998)를 보라. 이 공동체의 좀 더 포괄적인 예배 관행에 대해서는 Moshe Weinfeld, "Prayer and Liturgical Practice in the Qumran Sect," in *The Dead Sea Scrolls: Forty Years of Research*, ed. Devorah Dimant and Uriel Rappaport (Leiden: Brill, 1992), 241-57를 보라. 초기 기독교의 현상들과 쿰란 공동체의 신념과 관행 사이의 관계에 대해서는 L. W. Hurtado, "Monotheism, Principal Angels, and the Background of Christology," in *The Oxford Handbook of the Dead Sea Scrolls*, ed. Timothy H. Lim and John J. Collins (Oxford: Oxford University Press, 2010), 546-64를 보라.

사람의 아들", "메시아"로 언급될 때도 있다.[20] 여기서 그는 창조 이전에 선택된 자로 이야기된다(48:2-3, 6-7). 그는 종말의 때에 나타날 것이며, 이 땅의 경건하지 못한 통치자들을 멸망시키는 일을 주관하게 될 것이다(52:6-9). 그리고 그는 "아자젤"(Azazel, 이 본문에서 악한 세력을 이끄는 사탄 수장에게 붙인 이름)과 그 휘하의 악한 천사들까지 심판할 것이다(55:4; 61:8-9). 이 택함을 받은 자는 영광의 보좌에 앉게 될 것이며(45:3; 61:8), 온 땅의 거주민들은 그 앞에 엎드려 "영들의 주님[the Lord of Spirits, 이 본문에서는 대개 하나님을 이렇게 지칭한다]의 이름에 영광을 돌리고 찬미하며 찬송을 부르게" 될 것이다(48:4-5). 그리고 모든 왕과 통치자들은 이 선택된 자 앞에 나아와 자비를 간청하게 될 것이다(62:9).

하지만 여기서는 이 인물에 관해 주의할 점 두 가지를 언급하려 한다. 첫째로 이 비유들의 어떤 단락에서도, 이 선택된 자를 실제로 하나님의 택함을 받은/의로운 백성이 예배할 대

---

20 에녹 1서의 '비유들'은 이 책의 37-71장에 걸쳐 있다. 현재 이 본문은 에녹 1서의 에티오피아어 역본에만 남아 있으며, 여기서는 다음의 영역본에 의존했다. George W. E. Nickelsburg and James C. VanderKam, *1 Enoch: The Hermeneia Translation* (Minneapolis: Fortress, 2012). 여기서 논하는 이 메시아적 인물에 관한 최근의 연구로는 Darrell D. Hannah, "The Elect Son of Man of the *Parables of Enoch*," in *"Who Is This Son of Man?" The Latest Scholarship on a Puzzling Expression of the Historical Jesus*, ed. Larry W. Hurtado and Paul L. Owen (London: T&T Clark, 2011), 130-58을 보라.

상으로 묘사하는지는 분명하지 않다.[21] 위에서 언급했듯이, 이교의 왕과 통치자들이 그에게 공손히 경의를 표하며 자비를 간구하는 것은 명백하다. 이는 고대 세계에서 정복당한 자들이 그들을 정복한 자에게 흔히 대응하던 방식과 마찬가지이다. 하지만 이 일은 헌신적인 추종자들이 드리는 예배와는 다르다. 이 단락들에 관해 일부 학자들의 주장이 지닌 문제점은, 영어로는 '예배'(worship)로 번역되는 다양한 고대의 용어들이 엄밀하게는 그저 어떤 이 앞에 꿇어 엎드리는 동작을 가리킨다는 점을 이해하지 못하는 데서 비롯된다. (예를 들면 그리스어의 *proskyneō*가 그런 경우이다.) 이때 그 대상은 어떤 신일 수도 있고, 자신을 정복한 자나 그저 사회적으로 우월한 위치에 있는 이일 수도 있다. 그러므로 그 사람이 꿇어 엎드리는 동작을 통해 구체적으로 어떤 종류의 경의를 나타낸 것인지를 파악하기 위해서는 당시의 정황이 핵심적인 역할을 한

---

21 예를 들어, Ehrman, *How Jesus Became God*, 64-67을 참조하라. 그러나 여기서 어만은 이와 달리 그릇된 주장을 펼친다. 또 James A. Waddell, *The Messiah: A Comparative Study of the Enochic Son of Man and the Pauline Kyrios* (London: T&T Clark, 2011)를 보라. 여기서 워델(Waddell)은 (일부 다른 연구서들에서도 나타나는) 다소 혼동에 빠진 접근 방식을 보이고 있다. 그가 미처 깨닫지 못한 점은 이 선택된 자를 높이는 표현들이 곧 그가 실제로 택함받은 백성에게 경배를 받았거나, 또는 경배를 받아야만 했다는 증거가 되지는 않는다는 것이다. 내가 *One God, One Lord*에서 입증했듯이 고대의 유대인들은 다양한 '주요 대리자'에게 숭고한 칭호를 부여하는 일을 전혀 꺼리지 않았으며 장엄한 표현을 써서 그들을 묘사할 수 있었다. 하지만 그렇다고 해서 그런 존재에게 의식을 통한 예배를 드리는 데까지 나아가지는 않았던 것이다.

다. 그런데 에녹 1서 62:9에서 보게 되는 것은 그저 정복당한 통치자들이 취하는 복종의 몸짓이다. 하지만 이와 달리, 에녹 1서에서 이른바 '의식을 통한' 예배, 즉 어떤 신에 대한 숭앙을 암시하는 정황에서, 구속받은 자들이 그 대상을 향해 드리는 찬양과 경배를 묘사할 때, 그 예배는 오직 하나님께만 드려지는 것으로 보인다(예를 들어, 61:6-11).[22]

둘째로, 선택된 자가 받은 경배를 예배 의식으로 해석하기를 선호하는 이들조차도, 이 '비유들' 속에 로마 시대 당시에 존재했던 유대인 집단(들)의 실제적 예배 관행이 반영되어 있다는 증거가 없음을 인정해야만 한다. 즉, 기껏해야 이 '비유들'은 **훗날에** 선택된 자가 예정된 대로 모습을 드러낼 때 **일어날 것으로 추정되는** 사건들을 환상적인 시각에서 그려 낼 뿐이다. 곧 이 본문에 담긴 것은 종말의 때에 펼쳐질 일들에 관한 환상이다. 이 본문은 제2성전기 유대교에 속했던 어떤 집단의 실제 의식 관행을 반영하는 것이 아니며, 그런 관행이 존재했음을 입증하는 증거가 되지도 않는다. 그리고 이 본문에

---

22 예를 들어 에녹 1서 48:4-7을 참조하라. 여기서는 온 땅의 거주민이 "그 앞에 엎드려 경배할" 것이라고 예언한다[5절, 여기서 "그"는 '선택된 자'(the Chosen One)를 의미한다]. 그러므로 '선택된 자'가 나타난 것은 사람들이 공경을 드리게 되는 **계기**와 **정황**이 된다. 하지만 이때 예배의 대상이 바로 그인지는 분명하지 않다. 이는 본문에서 그 거주민들이 "영들의 주님의 이름에 영광을 돌리고 찬미하며 찬송을 부르게" 될 것이라고 곧 덧붙이기 때문이다. 이는 그 예배의 대상이 실제로는 그 '선택된 자'가 아니라 하나님이심을 시사한다.

는 그 이야기들을 함께 기록하고 나누어 읽었던 이들의 의식 관행 역시 담겨 있지 않다.[23] 하지만 이와 대조적으로, (이후에 살필 것처럼) 신약의 문서들에는 초기의 예수 운동에 속했던, 식별 가능한 정체성을 지닌 공동체들에서 실천했던 실제 예배 의식들이 반영되어 있다. 그러므로 이런 예배 의식들이 처음에 등장했던 고대 유대교의 맥락에서, 그 관행들은 실제적이고 주목할 만한 역사적 발전상을 이루었다.

따라서 나는 이 '비유들'에서 그 선택된 자를 장엄하게 묘사한 것까지도 로마 시대 유대교 전통의 특징인 의식의 배타성에 대한 예외가 되지는 않는다고 주장한다. 이전의 일부 학자들은 (에녹 1서의 '선택된 자'와 같은) '주요 대리자'들이 급격히 늘어난 것을 두고 하나님의 유일성을 훼손하는 현상으로 여겼다. 하지만 지금 남아 있는 증거는 그와 정반대되는 해석이 옳았음을 드러낸다. 예를 들면 앞서 언급했듯이, 유대교의 기도 관행에 관한 증거는 당시 그들이 대개는 하나님께 직접 기

---

23 쿰란 문헌 가운데서 에녹 1서의 아람어 단편들이 발견되었지만, 이 단편들 중에 지금 에녹의 '비유들'(Similitudes/Parables)로 불리는 부분(37-71장)에 속한 것은 없다. J. T. Milik, ed., *The Books of Enoch: Aramaic Fragments of Qumran Cave 4* (Oxford: Clarendon, 1976)를 보라. 따라서 이 장들이 언제 기록되었는지, 그리고 이 장들이 언제, 또는 어떻게 지금 에녹 1서로 알려진 복합적인 작품 속에 편입되었는지는 불분명한 채로 남아 있다. 다만 현재는 이 '비유들'의 작성 연대를 주후 1세기(초반?)로 추정하는 경향이 증가하고 있다. 예를 들어 Nickelsburg and VanderKam, *1 Enoch*의 서론에 있는 연대와 출처에 관한 논의를 보라.

도했으며, 또 오직 하나님께만 기도했음을 보여 준다.[24] 그러므로 제2성전기 유대교의 문헌에 여러 '주요 대리자'가 등장하는 것은 유대인들이 자신들의 하나님을 향해 품었던 유대감이 약화된 것을 나타내지 않으며 그분의 유일성이 약화되었음을 의미하지도 않는다. 오히려 이런 존재들은 제각기 다양한 방식으로 하나님의 모습을 장엄하게 묘사하는 데 기여한다. 곧 이를 통해, 하나님이 마치 주된 수하로서 자신의 뜻을 받드는 장관과 함께 거대한 규모의 다른 수하들을 휘하에 둔 위대한 황제인 것처럼 표현된다. 그러나 기도와 예배에 관한 한, 유대인들은 대개 하나님께로 곧장 나아갔다. 다양한 '주요 대리자'가 종종 인상적인 모습으로 묘사되긴 했지만, 그들은 결코 하나님의 경쟁자가 아니었으며 하나님과 혼동되지도 않았다.[25]

나아가서 유대교의 의식에 관련된 배타성은 이전의 몇몇 시대보다, 오히려 로마 제국 시기에 와서 더욱 강조되었던 것으로 보인다.[26] 당시 유대교 문헌에서, 마카베오 시대의 위기

---

24 이 점에 관해서는 내 책 *One God, One Lord*, 17-40에 실린 자료들에 관한 논의를 인용한다.
25 알렉산드리아의 필론은 "위대한 왕" 자신에게 돌릴 영예를 그의 휘하에 있는 "지방 장관들"에게 돌릴 영예와 구별한다: "이와 마찬가지로, 창조주에게 돌리는 것과 동일한 경의를 피조물에게 표하는 자는 사람들 중에서 가장 어리석고 불의한 자임이 분명하다."(*Decal*. 61 [Colson, LCL])
26 Hurtado, "Ancient Jewish Monotheism," 386-91. '포로기 이전의' 시기, 그리고 아

는 유대인들을 종교적으로 동화시키려는 셀레우코스 왕조의 시도에 대한 저항으로 묘사되었다. 이 위기 이후, 유대인들은 자신들의 종교적 독특성을 유지하는 일에 더 깊은 관심을 갖게 되었던 듯하다. 이 독특성은 무엇보다도 예배를 통해 드러났다.[27] 특히 이 책의 논의를 염두에 둘 때, 이런 사실이 지닌 추가적인 함의는 바로 이 시기에는 이교의 신격화(apotheosis) 같은 개념이나 황제 숭배 같은 관행이 예수-섬김의 기원에 영향을 미칠 가능성이 더욱 희박했다는 데 있다.[28]

마 그 이후의 페르시아 제국 시기에도, 이스라엘의 종교는 다양한 신들에게 상당히 개방적인 태도를 취했던 것으로 보인다. 예를 들어 Mark S. Smith, *The Early History of God* (San Francisco: Harper & Row, 1990)을 보라. 엘레판티네(Elephantine)에 있던 유대인들의 식민지에서 발견된 파피루스에는 이 이전 시기의 종교 형태가 얼마간 보존되어 있을지도 모른다. 예를 들어 Alejandro F. Botta, "Elephantine, Elephantine Papyri," in *The Eerdmans Dictionary of Early Judaism*, ed. John J. Collins and Daniel C. Harlow (Grand Rapids: Eerdmans, 2010), 574-77을 보라.

27 이것은 내가 위에 인용한 논문 "Ancient Jewish Monotheism"에서 제시했던 논지이다.
28 예수-섬김의 기원에 통치자 숭배가 영향을 끼쳤을 것이라는 최근의 견해들에 관한 내 비판으로는 *One God, One Lord*의 제3판, 143-49에 수록된 새 맺음말을 보라.

4장

초기 기독교의 '변이'

고대 유대교의 '주요 대리자' 전통, 그리고 유대교 예배의 특징인 의식의 배타성 맥락에서 살필 때, 초창기 기독교의 신념과 특히 예배 의식에서 예수가 차지했던 위치는 역사적인 면에서 인상적이며 놀랄 만한 중요성을 띤다. 1988년에 저술한 책 *One God, One Lord*에서 시작해 이후의 여러 글들에서, 나는 당시 유대교의 예배 관행에 새로운 '변이'가 일어났음을 언급해 왔다. 그리고 이 변이는 현존하는 초창기 기독교 문헌들 속에 반영되어 있다.[1] 여기서 '변이'(mutation)라는 용

---

1 Larry W. Hurtado, *One God, One Lord: Early Christian Devotion and Ancient*

어는 곧 '모체가 되는' 종교적 전통(이 경우에는 고대의 유대교)과 인식 가능한 연관성을 지닌 동시에, 그 전통과 구별되는 새로운 특징 역시 뚜렷이 드러내는 발전을 가리킨다. 그리고 나는 초기 기독교의 발전 과정에서, '이중적인'(dyadic) 예배 형태가 이룩되었다고 기술해 왔다. 이 형태에서는 부활하신/높이 되신 예수께서 하나님과 함께 실질적으로 의식에 의한 섬김의 공동 대상이 되시며, 독특하고 중심적인 위치를 차지하게 된다.[2] 앞으로의 논의에서는 내가 이전의 글들에서 제시했던 분석의 내용을 요약적으로 언급하면서, 이 독특한 발전의 모습을 개관하려 한다.

나는 특별히 초기 기독교의 예배 관행에서 예수가 차지했던 위치의 역사적인 중요성을 강조하려 한다. 그런데 신약의 문서들에서 기독론적인 주장과 수사들이 주목할 만한 형태로

Jewish Monotheism (Philadelphia: Fortress Press; London: SCM, 1988; 2nd ed., Edinburgh: T&T Clark, 1998; 3rd ed., London: Bloomsbury T&T Clark, 2015), chap. 5, "The Early Christian Mutation."

[2] 나는 이전의 일부 글들에서 '이위일체적인'(binitarian) 예배 의식을 언급했다. 예를 들어 *Lord Jesus Christ: Devotion to Jesus in Earliest Christianity* (Grand Rapids: Eerdmans, 2003), 134-53이 그런 경우이다. 그러나 이 용어는 때로 주후 3세기 이후에 생겨난 기독교 신학의 논의에 속한 '존재론적' 범주들을 1세기 기독교 관행 속에 부과하는 것으로 오해되어 왔다. (내가 이 용어를 어떤 의미에서 사용하는지를 분명히 밝히려 애썼음에도 불구하고 그러했다.) 그래서 이제 나는 '이중적인'(dyadic)이라는 용어를 사용한다. 하지만 어떤 용어를 쓰든 간에, 나는 그저 하나님과 예수가 그 섬김의 대상으로서 독특하게 연계되어 있는 초기 기독교의 예배 형태를 묘사하려는 것이다.

나타난다는 것은 이미 잘 알려져 있다. 그러므로 여기서는 단순히 그런 특징을 보여 주는 실례로서, 이와 관련된 일부 본문을 인용하는 것으로 충분하리라고 믿는다. 현존하는 가장 이른 시기의 증거(주후 50-60년경에 기록된 바울의 서신들)에서도, 예수는 자주 '그리스도'(메시아), 하나님의 유일하신 아들, '퀴리오스'(Kyrios)로 언급된다. 곧 그는 함께 모인 예배 공동체의 주님이자, 신자들이 순종하고 기원을 드리며 경배해야 할 존재로서 제시된다.[3] 또한 이 가장 이른 시기부터, 원래는 하나님을 언급하는 내용이었던 구약의 본문들이 예수께 적용되었다. (이는 시편 82:1의 내용이 앞서 언급한 멜기세덱이라는 인

---

[3] Werner Kramer, *Christ, Lord, Son of God*, SBT 50 (Naperville: Allenson, 1966)에는 이런 주요 기독론적 칭호들에 대한 고전적인 논의가 담겨 있다. 하지만 크레이머(Kramer)는 일부 사안을 논할 때 오류를 범하곤 한다. 특히 바울에게 예수의 신적인 아들 됨은 중요하지 않았다는 주장이 그런 경우이다. 이는 전혀 사실과 다르다! 이 점에 관해서는 Larry W. Hurtado, "Son of God," in *Dictionary of Paul and His Letters*, ed. Gerald F. Hawthorne, Ralph P. Martin, and Daniel G. Reid (Downers Grove, IL: InterVarsity Press, 1993), 900-906; Hurtado, "Jesus' Divine Sonship in Paul's Epistle to the Romans," in *Romans and the People of God*, ed. Sven K. Soderlund and N. T. Wright (Grand Rapids: Eerdmans, 1999), 217-33을 참조하라. 특히 Martin Hengel, *The Son of God: The Origin of Christology and the History of Jewish-Hellenistic Religion* (Philadelphia: Fortress, 1976)을 살피기 바란다. 바울이 사용한 단어 *Christos*(그리스도)의 용법에 관해서는 Matthew V. Novenson, *Christ among the Messiahs: Christ Language in Paul and Messiah Language in Ancient Judaism* (New York: Oxford University Press, 2012)을 보라. 이 책에서 노벤슨(Novenson)은 이전의 많은 학자들이 주장한 견해와는 달리 이 용어에는 메시아를 가리키는 함의가 담겨 있으며, 바울의 신념 체계에서도 예수의 메시아적인 지위는 중요한 것으로 남아 있었음을 설득력 있게 입증한다.

물에게 적용된 것과 다소 비슷하다. 하지만 예수에 대한 적용은 훨씬 더 광범위한 방식으로 이루어졌다.)[4] 구약의 본문이 이런 식으로 활용된 것을 보여 주는 가장 인상적인 사례는 아마도 요엘 2:32의 "누구든지 여호와(the Lord)의 이름을 부르는 자는 구원을 얻으리니"라는 언급이 전유된 경우일 것이다. 곧 로마서 10:9-13에서처럼, 예수는 사람들이 구원을 얻기 위해 그 이름을 "불러야" 할 "주"가 되었다. (이 본문에 관해서는 이후에 다시 살피려 한다.)

신약의 강론에서 특징적으로 나타나는, 예수를 높이는 주장의 또 다른 예로는 미래에 있을 그의 재림에 관한 언급을 들 수 있다. 곧 재림 시에 예수가 하나님이 승리와 영광 가운데서 이 땅에 다시 오실 것에 관한 예언을 종말론적으로 성취하는 분이 된다는 것이다. 이는 데살로니가전서 4:13-5:11에서 언급되는 바와 같다.[5] 이 본문에서 예수는 큰 영광 중에 내려오셔서 구속받은 이들을 자신에게로 불러 모을 "주"이시다

---

4 David B. Capes, *Old Testament Yahweh Texts in Paul's Christology*, WUNT 2/47 (Tübingen: J. C. B. Mohr [Paul Siebeck], 1992).
5 Larry J. Kreitzer, *Jesus and God in Paul's Eschatology*, JSNTSup 19 (Sheffield: JSOT Press, 1987)를 보라. 이 점에 관해 라이트(N. T. Wright)의 논의가 지닌 문제점을 다룬 다음의 내 글도 살피기 바란다. Larry W. Hurtado, "YHWH's Return to Zion: A New Catalyst for Earliest High Christology?," in *God and the Faithfulness of Paul*, ed. Christoph Heilig, J. Thomas Hewitt, and Michael F. Bird (Tübingen: Mohr Siebeck, 2016), 417-38.

(4:17). 그리고 "주의 날"에 관한 구약의 예언적 소망은 "주 예수 그리스도" 안에서 성취되며(5:1-9), 사람들은 그를 통해 구원을 얻게 된다.

바울은 이렇게 예수의 종말론적 역할을 언급할 뿐 아니라, 예수를 만물이 그를 통해 지음받은, 선재하며 유일하신 "한 주"로 표현하기까지 한다(고전 8:4-6). 그리고 많은 학자들의 경우, 바울의 이런 표현을 곧 하나님의 유일성에 관한 유대교의 전통적인 신앙고백인 '쉐마'(Shema)를 '이중적인'(dyadic) 형태로 독특하게 수정한 것으로 여긴다.

> 비록 하늘에나 땅에나 신이라 불리는 자가 있어 많은 신과 많은 주가 있으나 그러나 우리에게는 한 하나님 곧 아버지가 계시니 만물이 그에게서 났고 우리도 그를 위하여 있고 또한 한 주 예수 그리스도께서 계시니 만물이 그로 말미암고 우리도 그로 말미암아 있느니라 (고전 8:5-6)

이 본문에서는 "한 하나님"이라는 배타성이 확장되어 "한 주 예수 그리스도"께도 해당되고 있음을 주목하기 바란다. 곧 하나님의 유일성을 확언하는 주장이 확대되어, 예수에 관해서도 그와 비슷한 주장이 반영된다. 기독론적인 내용을 더 자세히 서술한 다른 본문에서(빌 2:6-11), 바울은 예수께서 "하나님의 형체로"(*en morphē theou*, 개역개정판에는 "근본 하나님의 본체시나"로 번역되어 있다. - 역주) 계시다가 "종의 형체"를 취하여 "사람들과 같이" 되셨으며, 마침내는 십자가에서 죽기까지 복종하셨다고 묘사한다(6-8절).[6] 그런 다음에 바울은 부활하신/높이 되신 예수가 "모든 이름 위에 뛰어난 이름"을 얻었으며, 모든 이의 찬양을 받게 될 것이라고 기록한다(9-11절).

> 하늘에 있는 자들과 땅에 있는 자들과 땅 아래에 있는 자들로 모든 무릎을 예수의 이름에 꿇게 하시고 모든 입으로 예수 그리스도를 주라 시인하여 하나님 아버지께 영광을 돌리게 하셨느니라 (빌 2:10-11)

놀랍게도 이 진술에는 매우 명백한 이사야서 45:23의 전유가 담겨 있다. 이사야서의 이 구절은 정경 전체에서 하나님의

---

[6] 이때 헬라어 *en morphē theou*의 의미가 다소 모호하다(6절). 이 어구는 "하나님의 형체로"(in the form of God)라고도, "신의 형체로"(in the form of a god)라고도 이해될 수 있기 때문이다. 한편 이 어구는 *morphēn doulou*와 대조되는 의미로 쓰였다(7절). 빌립보서 2:6-11에 관해서는 방대한 양의 연구가 존재하지만, 여기서는 내가 다음의 책에서 수행한 연구를 추천하려 한다. *How on Earth Did Jesus Become a God? Historical Questions about Earliest Devotion to Jesus* (Grand Rapids: Eerdmans, 2005), 83-107. 또한 여러 저자가 공동 저술한 이 책을 보라. Ralph Martin and Brian Dodd, eds., *Where Christology Began*: *Essays on Philippians 2* (Louisville: Westminster John Knox, 1998).

유일성을 힘 있게 선포하는 단락 중 하나인 본문에 속해 있다. 그런데 빌립보서 2:9-11에서는 이 구약 본문을 해석하고 적용하여, 높이 되신 예수께 종말론적인 경배를 드리는 것이 마땅하며 이는 곧 하나님 아버지의 영광을 높이기 위함임을 선포한다. 즉 높이 되신 예수께 모든 이가 경배함으로써, 이사야서 45:23에서 예언된 하나님의 종말론적인 으뜸 되심이 성취된다.

더 긴 분량의 다른 본문에서(고후 3:12-4:6) 바울은 동료 유대인들의 마음이 흐릿하고 완고하게 되어 그리스도에 대한 믿음을 거부하는 것을 탄식한다. 그리고 그는 누구든지 "주께로 돌아[가는]" 사람은 "주의 영광"을 보게 된다고 선포한다(3:14-16, 18). 여기서 "주"는 명백히 예수를 의미한다.[7] 그런 다음에 바울은 "하나님의 형상[eikōn]"이신 "그리스도의 영광"을 언급하고(4:4), 이 본문의 절정에서는 하나님이 "그리스도의 얼굴에 있는 하나님의 영광을 아는 빛"을 내려 주신 것을 찬양한다(4:6). 또한 빌립보서 2:9-11의 시나리오에서 예수께 모든 이가 복종하게 될 것을 서술했듯이, 고린도전서 15:20-28에서 바울은 예수께서 하나님의 "보좌 우편

---

7 이 놀라운 본문에 관해서는 깊이 있는 분석이 담긴 다음의 연구서를 보라. Michael Cover, *Lifting the Veil*: *2 Corinthians 3:7-18 in Light of Jewish Homiletic and Commentary Traditions*, BZNW 210 (Berlin: De Gruyter, 2015).

에" 앉으신 것을 언급한다. 여기서 그분은 신적인 전권 대사(plenipotentiary)이며, 따라서 만물이 그분께 복종해야만 한다. 또 다른 본문을 인용하자면, 로마서 8:34에서도 바울은 예수께서 하나님의 "우편에" 계신 것을 언급하고 있다. 예수는 그곳에서 신자들을 위해 간구하고 계신다.[8]

위의 본문들을 비롯한 여러 본문에 반영된 기독론적 발전을 살필 때, 나는 앞서 인용했던 마르틴 헹엘의 인상적인 언급을 지지한다. 곧 이런 발전은 길어 봐야 열여덟 해 정도 사이에 이루어졌으며, 이는 예수께서 십자가에서 처형된 뒤 바울이 초창기 서신들을 쓰기까지 소요된 시간이라는 것이다. 초기의 예수 운동에서 기독론적인 주장들이 생겨난 일의 거대한 의미를 적절히 헤아리기 위해서는, 이 연대적 관점을 중요하게 고려해야 한다.

---

8 높이 되신 예수께서 하나님의 "우편에" 계신다는 개념과 그 역사적 맥락에 관해서는 특히 Martin Hengel, "'Sit at My Right Hand!': The Enthronement of Christ at the Right Hand of God and Psalm 110:1," in *Studies in Early Christology* (Edinburgh: T&T Clark, 1995), 119-225를 보라. 대부분의 학자들은 하나님이 다른 존재에게 자신의 "오른쪽에" 앉으라고 초청하시는 시편 110:1에서 이 개념의 이미지가 유래했을 것으로 여긴다. 예를 들어 David M. Hay, *Glory at the Right Hand: Psalm 110 in Early Christianity* (Nashville: Abingdon, 1973)를 보라. 하지만 최근에 쓴 글에서, 나는 시편 16편 역시 영향을 끼쳤을 것이라고 지적했다. "Early Christological Interpretation of the Messianic Psalms," *Salmanticensis* 64 (2017): 73-100을 보라. 이 글은 현재 Larry W. Hurtado, *Ancient Jewish Monotheism and Early Christian Jesus-Devotion: The Context and Character of Christological Faith* (Waco: Baylor University Press, 2017), 559-82에 수록되어 있다.

실제로 헹엘의 연대적인 고찰에 근거해서, 나는 가장 결정적인 기독론적 발전은 예수께서 처형을 당하신 뒤 바울이 다메섹 도상의 체험을 겪기까지(이 일은 대개 주후 30-35년경에 있었던 것으로 추정된다)의 불과 몇 년 사이에 일어났을 것이라고 주장해 왔다. (어쩌면 이 기간은 겨우 일 년 정도일 수도 있다.) 이 체험에 관한 바울의 몇몇 간략한 언급, 특히 그가 이 체험을 예수가 하나님의 아들이심에 관한 하나님의 계시로 표현한 일(갈 1:15-16)은 이 체험의 인지적인 내용이 심오하게 기독론적인 것이었음을 보여 주기 때문이다. 본질적으로 바울은 이때 예수를 전혀 다른 빛에서 보게 되었다. 곧 더는 처형을 받아 마땅한 거짓 교사로 보지 않고(이는 아마 그 계시적인 체험 이전에 그가 지녔던 관점이었을 것이다), 독특한 방식으로 인정된 하나님의 아들로 받아들이게 되었던 것이다.[9] 위에서 언급했듯이, 바울은 예수의 영광스러운 지위를 인식하지 못하는 이들의 흐릿하고 완고한 마음 상태와 어떤 이가 "주께로 돌아[갈]" 때 일어나는 변화를 서로 대조한다(고후 3:12-4:6). 이 대조는 바울 자신의 체험을 반영하는 것일 수도 있다. 분명히 바울은 갓 생겨난 예수 운동을 무너뜨리려고 애쓰던 데에

---

9 Max Wilcox, "'Upon the Tree'-Deut 21:22-23 in the New Testament," *Journal of Biblical Literature* 96 (1977): 85-99.

서, 예수께 열렬히 헌신하며 충성하는 쪽으로 갑작스레 돌아섰던 것으로 보이기 때문이다.

나아가서 나는 예수의 중요성에 관한 이 계시는 곧 바울이 특정한 종류의 기독론적 주장들에 굴복했음을 의미한다고 본다. 그 주장들이란 곧 이전에 그가 거부감을 느꼈던 것들이며, 그가 갓 태어난 예수 운동을 '무너뜨리는' 데 나서게끔 만들었던 것들이다.[10] 분명히 바울은 하나님이 자신에게 이방인 선교를 수행하라는 독특한 소명을 주셨다고 주장했다. 하지만 그는 자신의 주요 기독론적인 신념이나 자신의 서신들에 담긴 예배 의식들이 무언가 독특한 성격을 지닌다고 주장하지는 않았다.[11] 바울 서신을 살필 때, 오히려 우리는 이런 문제들에 관해 바울과 예루살렘 교회의 유대인 신자들이 본질적으로 같은 입장을 취했다는 인상을 받게 된다(예를 들어, 고전 15:1-7).[12] 물론 갈라디아서 등의 여러 본문에서 나타나듯

---

10 나는 다음의 글에서 이 견해를 옹호했다. "Pre-70 CE Jewish Opposition to Christ-Devotion," *Journal of Theological Studies* 50 (1999): 50-57 (35-58). 이 글은 현재 *How on Earth Did Jesus Become a God?*, 152-78에 수록되어 재출간되었다. 나는 갈라디아서 1:15-16을 비롯한 여러 본문과 함께, 고린도후서 3:4-4:6에도 예수의 영광스러운 중요성에 대한 바울 자신의 계시 체험이 반영되어 있다고 본다. 이 고린도후서의 본문에 관해서는 예를 들어 Carey C. Newman, *Paul's Glory-Christology: Tradition and Rhetoric*, NovTSup 69 (Leiden: Brill, 1992), 229-35를 보라.
11 내 책 *Lord Jesus Christ*, 79-153에서 '초기 바울의 기독교'에 관한 논의를 보라.
12 나는 *Lord Jesus Christ*, 155-216에서 유대 지역의 유대인들이 따랐던 기독교에 관해 논의했다.

이, 바울은 자신의 이방인 선교를 방해한다고 판단되는 이들, 이방인 회심자들에게 율법의 온전한 준수를 요구하는 이들에게 서슴없이 신랄하게 불만과 이의를 제기했다. 하지만 바울은 결코 자신과 동료 유대인 신자들이 기독론적인 신념에 관해 서로 의견을 달리한다고 언급한 적이 없으며, 이것은 가장 웅변적인 침묵이다.

이처럼 초기에 놀라운 기독론적 발전이 이루어졌으며, 바울 자신도 그 흐름에 동의했다. 이 발전의 내용은 예수의 중요성에 대한 신념에 연관된 것이었다. 그런데 초창기 기독교의 예배 의식에서 예수가 차지했던 위치는 역사적인 관점에서 볼 때 더욱 놀랍다는 것이 내 주장이다. 거듭 말하지만 유일하신 하나님께만 예배를 드리려 했던 유대인들의 관심사에 비추어 볼 때, 초창기 기독교의 예배에서 예수께서 계획에 따른 위치에 있었던 것은 새롭고도 역사적으로 중요한 의미를 지닌 '변이'에 해당한다. 이것은 나 혼자만의 판단이 아니다. 예를 들면 한 세기 전에 요하네스 바이스는 부활하신 예수를 향한 경배 의식이 초기에 생겨난 현상을 두고, "기독교의 역사적 기원을 살필 때 가장 중대한 움직임"이었다고 언급한 바 있다.[13]

---

13 Johannes Weiss, *Das Urchristentum* (Göttingen: Vandenhoeck & Ruprecht, 1917). 나는 다음의 영역본에서 인용했다. *The History of Primitive Christianity*, 2 vols. (London: Macmillan, 1937; republished as *Earliest Christianity* [New York:

앞서 논했듯이, 빌헬름 부세 역시 자신의 영향력 있는 저서 Kyrios Christos에서 이런 발전의 역사적인 중요성에 관해 대략 이와 비슷한 견해를 취했다.[14] 그러나 바이스와 달리, 부세는 바울의 서신에서 나타나는 예수에 대한 경배 의식은 '팔레스타인 지역의 원시 공동체'(the primitive Palestinian community) 내부에서 생겨난 것일 수 없다고 단언했다. 오히려 부세에 따르면, 종교사 측면에서 대단히 중요한 이 발전이 이루어진 것은 **헬라적인** 공동체에서였다. (이는 곧 부세가 '이방인의 기독교 원시 공동체'[the Gentile Christian Primitive Community]로 불렀던 집단을 의미한다.) 부세는 이 발전이 이른 시기에 일어났다는 점, 실제로 그 발전이 매우 이른 시기에 일어났기 때문에 바울이 다메섹 도상의 체험 이후에 접한 기독교 신앙과 의식(儀式)의 특징적인 형태를 이루게 되었다는 점을 인정했다. 그러나 거듭 언급하자면 부세는 신자 공동체의 예배 의식 가운데서 부활하신 예수가 중심 위치를 차지한다는 것, 곧 "이런 식으로 예배 시에 공경할 대상을 두 배로 늘리는 것"(this particular doubling of the object of veneration in

---

Harper & Brothers, 1959]), 1:37.
14 Wilhelm Bousset, *Kyrios Christos*: *A History of Belief in Christ from the Beginnings of Christianity to Irenaeus*, trans. John E. Steely (Waco, TX: Baylor University Press, 2013), 136, 147.

worship)은 순전히 유대적인 정황에서는 생각조차 할 수 없는 일이었다고 주장했다. 그에 따르면 이런 발전은 안디옥 같은 디아스포라 지역들에서만 이루어질 수 있는 것이었다. 이런 지역들에서는 이교의 종교적 영향력이 더욱 강력히 작용했을 것이며, 이런 이교의 영향력이 이 발전의 결정적인 요인이 되었을 것이라고 부세는 주장한다.

하지만 나는 바이스나 헹엘 같은 이전의 학자들과 함께, 이십 년 넘게 다음과 같이 주장해 왔다. 곧 현존하는 증거는 예수를 향한 경배 의식의 기원이 예루살렘 교회처럼 철저히 유대적인 예수 운동의 공동체에 있었음을 강력히 보여 준다는 것이다.[15] 여러 다른 학자들이 근래에 고찰한 내용을 살필 때, 이 주장은 점점 더 폭넓은 지지를 얻는 것 같다. 그리고 이제는 아마도 지난 몇 년간 이 문제를 연구해 온 학자들 사이에서 지배적인 견해가 된 듯하다.[16]

---

15 예를 들어 내가 *One God, One Lord*, 2-5에서 논의한 내용을 보라. 더 자세한 논의는 이후의 저서인 *Lord Jesus Christ*, 155-216에 담겨 있다. 훨씬 이전에, 나는 다음의 글에서 초창기의 예수 섬김에 관한 부세의 서술이 지닌 몇 가지 주요 문제점을 언급한 바 있다. "New Testament Christology: A Critique of Bousset's Influence," *Theological Studies* 40 (1979): 306-17.

16 예를 들어 Andrew Chester, "High Christology When, When and Why?," *Early Christianity* 2 (2011): 22-50, 특히 38-39; Richard Bauckham, "Devotion to Jesus Christ in Earliest Christianity: An Appraisal and Discussion of the Work of Larry Hurtado," in *Mark, Manuscripts, and Monotheism*: *Essays in Honor of Larry W. Hurtado*, ed. Chris Keith and Dieter T. Roth (London: Bloomsbury

결론적으로 나는 두 가지 요점을 강조하려 한다. 첫째, 부활하신 예수께 대한 경배 의식은 이미 바울 서신에서 예수 운동에 속한 유대인과 이방인 공동체들의 일반적인 특징으로 간주되고 있으며, 이는 놀라울 정도로 이른 시기에 생겨났다. 둘째, 이 경배는 유대인 신자들의 공동체에서 생겨났으며, 다른 측면에서는 로마 시대 유대교 전통의 특징을 그대로 간직한 예배 의식 형태 가운데서 이 경배는 새롭고 놀랄 만한 '변이'가 되었다. 실제로 역사적인 관점에서 볼 때, 이처럼 예수께 대한 경배 의식이 생겨난 일은 아마도 초기 기독교의 형성기, 특히 1세기에 나타난 가장 중대한 현상이었을 것이라고 나는 주장한다.[17]

T&T Clark, 2014), 176-200, 특히 176; 그리고 Ehrman, *How Jesus Became God*, 235를 보라.

17 이에 견줄 만한 중요성을 지닌 다른 현상으로는 바울이 이방인을 상대로 선교한 일과 예수 운동이 민족들 사이의 경계를 넘어 체계적으로 확산된 일뿐이다.

5장

초창기 기독교 예배 의식 속의 예수

그러면 이 예수를 향한 경배 의식을 구성한 것은 구체적으로 어떤 현상들이었으며, 그런 현상들은 어느 정도의 중요성을 지녔던 것일까? 신약학자들은 대개 신약의 문서들에 담긴 기독론적인 용어와 신념에 초점을 맞추는 경향을 보여 왔다. 하지만 나는 당시의 문화적 맥락에서 살필 때, 초기 기독교의 예배 의식에서 예수가 차지했던 위치는 훨씬 더 놀라운 것이었다고 주장하려 한다. 여기서 이 문제를 더 논하기 전에 중요하게 언급할 점이 있다. 이는 곧 바울의 서신들을 비롯한 일부 초기의 문헌에서 나타나듯이 부활하신 예수는 초기의 기독교 예배 의식에서 중요한 위치를 차지했지만, 이 일은 대개 그가 하나님을 대신하거나 대체하는 일과는 관련이 없었다는 것이다.[1] 이를테면 예수는 하나님을 희생시키는 방식으로 경배를 받지 않았으며, 두 번째 신으로 경배를 받은 것도 아니었다. 오히려 우리가 초창기의 문헌부터 시작해서 주로 보게 되는 것은 독특한 '이중적인' 예배 의식의 형태이다. 이 예배의 형태에서는 예수를 하나님과 함께 섬김의 대상으로 받들며, 예수가 하나님과의 관계 속에서 신적 지위를 지닌다는 점을 분명히 표현한다.[2] 이후 언급하겠지만, 초기의 기독교 문헌에서 예배와 기도는 대개 하나님께 드리는 것이었다. 이때 그 일들은 단순한 방식으로 이루어질 수도 있었으며, 예수를 통해, 그리고/또는 예수의 이름으로 이루어질 수도 있었다. 심지어 예수가 의식을 통한 섬김의 뚜렷한 대상인 경우에도, 이 섬김은 대개 하나님이 예수를 높이신 일에 대한 응답으로 의도되었던 것으로 보인다. 따라서 이 역시 하나님께 드리는 예배의 일환이었다. 그럼에도 불구하고 당시의 역사적 맥락을 살필 때, 특히 앞서 언급했듯이 어떤 다른 존재를 예배의 대상에 포함

---

[1] 이는 아서 쿠시먼 맥기퍼트(Arthur Cushman McGiffert)의 주장과 반대되는 진술이다. *The God of the Early Christians* (Edinburgh: T&T Clark, 1924)에서, 맥기퍼트는 예수께서 초기 그리스도인들에게, 특히 이방인 회심자들 사이에서 신이 되었다고 주장한다.

[2] Larry W. Hurtado, *God in New Testament Theology* (Nashville: Abingdon, 2010), 특히 49-71.

함으로써 하나님의 유일성을 훼손하는 일을 피하려 했던 고대 유대인들의 태도를 감안할 때, 초창기 기독교의 예배 의식에서 예수가 차지한 위치는 놀라운 것이 된다.

나는 현존하는 초창기 기독교 문헌에 담긴 '이중적인' 예배의 형태를 이루는 구체적인 의식들에 관심의 초점을 두고, 여러 해에 걸쳐 출간한 글들을 통해 이 문제를 가능한 한 엄밀한 방식으로 논의하려고 노력해 왔다. 그러니 이 책에서는 간단히 내 견해를 제시하려 한다.[3] 여기서 나는 이전 장에서 언급한 요점을 강조하려 한다. 이는 곧 이런 현상들이 유대교의 예배 의식에서 나타난 새롭고 주목할 만한 '변이'라는 것이다. 이 현상들이 각기 그런 특징을 지닐 뿐 아니라, 전부 모아 살필 때에는 그 특징이 훨씬 더 뚜렷이 드러난다. 나는 또한 초창기 기독교 예배에서 예수가 차지했던 위치를 논하는 이는 누구든지 이런 현상들을 다루어야 한다고 주장한다.[4]

바울 서신은 우리가 입수할 수 있는 가장 이른 시기의 기독교 문헌이자 증거이므로, 나는 특히 그 서신을 자주 언급하려

---

[3] 예를 들어 *Lord Jesus Christ: Devotion to Jesus in Earliest Christianity* (Grand Rapids: Eerdmans, 2003), 138-51에 담긴 내 논의를 보라.

[4] 던(J. D. G. Dunn)의 연구서 *Did the First Christians Worship Jesus? The New Testament Evidence* (Louisville: Westminster John Knox, 2010)의 단점 중 하나는 지금까지 내가 언급해 온 예배 의식들을 충분히 다루지 못한다는 데 있다. *Journal of Theological Studies* 61 (2010): 736-40에 실린 내 리뷰를 보라.

한다. 그런데 나는 바울이 갓 생겨난 예수 운동의 신념과 의식(儀式)을 이른 시기부터 광범위하게 접해서 잘 알고 있었다는 점도 강조하고자 한다. 그가 예수를 믿는 신앙에 입문하게 된 것은 예수가 처형된 지 불과 몇 년(또는 몇 달)이 지나지 않았을 때였다. 그리고 바울이 개인적으로 접촉한 이들 가운데는 예루살렘과 유대 지역, 다메섹, 안디옥의 신자들과 더불어 그가 교회를 세웠던 여러 도시의 신자들이 포함되어 있었다. 그러므로 뚜렷한 반대의 이유가 없는 한, 우리는 바울 서신에 담긴 증거를 초기 기독교 운동을 널리 대변하는 것으로 여길 수 있다.

기도

앞서 언급했듯이, 초기의 기독교 문헌에서 기도는 대개 "아버지이신" 하나님께 드리는 것이었다. 그런데 하나님은 대개의 경우 (또는 적어도 자주) 예수와 관계가 있었으며, 암시적으로나 명시적으로 그와의 연관성 속에서 언급되었다. 예를 들어 "우리 주 예수 그리스도의 아버지이며 하나님이신 분"(the God and Father of our Lord Jesus Christ) 같은 표현이 그런 경우이다(고후 1:3-4, 개역개정판에는 이 부분이 "우리 주 예수 그리스도의 하나님"으로 번역되어 있다. - 역주).[5] 로마서 1:8에서 바울은 "예수 그리스도로 말미암아" 하나님께 감사한다고 언급한다. 이는 적어도 기도에서 예수가 놓인 위치에 관한 바울 자신의 관점을 드러내는 표현으로 보이며, 당시 하나님께 기도할 때 실제로 예수의 이름을 언급하는 의식이 있었음을 암시하는 것일 수도 있다. 바울의 서신들에서 언급된 여러 '기도-바람'(prayer-wish)의 문구에도 실제 기도의 의식이 담겨 있는 듯하다. 이 문구들에서는 하나님과 예수가 기원의 대상으로 함께 언급되고 있다. 이는 데살로니가전서 3:11-13에도 나타난다.

---

5 이와 유사한 어구의 다른 예로는 골로새서 1:3과 에베소서 1:3, 17을 보라. 요제프 융만(Joseph Jungmann)은 자신의 책 *The Place of Christ in Liturgical Prayer*, trans. A. Peeler, 2nd ed. (London: Geoffrey Chapman, 1965)에서, 초기의 전례 기도는 그리스도를 통해 하나님께 드리는 것이었다고 주장했다. (그에 따르면 이 기도는 대개 성찬 예식 때에 이루어졌다.) "우리는 4세기 말에 이르러서야 주님이신 그리스도께 드리는 기도를 예외적으로 접하게 된다. 이런 기도들은 성찬 예식 자체의 일부분이 아니라 미사의 앞부분과 세례식에 속한 것이었다."(164) 하지만 그는 그리스도께 직접 드리는 사적인 기도가 바울 서신들로부터 시작해서 계속 나타난다는 점, 그리고 이는 특히 순교자들이 드린 기도의 특징이었다는 점을 인정했다. 그는 이런 특징이 외경에 속한 문헌에서 더 많이 나타났다고 여긴다(165-69). 그러나 Boris A. Paschke, "Tertullian on Liturgical Prayer to Christ: New Insights from *De Spect.* 25.5 and *Apol.* 2.6," *Vigiliae Christianae* 65 (2011): 1-10을 참조하라. 파슈케(Paschke)는 그리스도께 드리는 전례 기도가 융만이 파악한 것보다 더 자주 이루어졌다고 주장한다. 또한 리처드 보컴의 책 *The Climax of the Prophecy: Studies on the Book of Revelation* (Edinburgh: T&T Clark, 1993), 118-49에 있는 "The Worship of Jesus"라는 장의 논의를 보라.

하나님 우리 아버지와 우리 주 예수는 우리 길을 너희에게로 갈 수 있게 하시오며 또 주께서[여기서 이 표현은 예수를 가리킨다] 우리가 너희를 사랑함과 같이 너희도 피차간과 모든 사람에 대한 사랑이 더욱 많아 넘치게 하사 (살전 3:11-12)

다음의 구절들에서도 이와 비슷한 사례가 나타난다. 데살로니가후서 2:16-17에서는 예수와 하나님이 함께 기원의 대상이 되며(여기서는 예수의 이름이 먼저 언급된다), 데살로니가후서 3:5에서도 그러하다. 이 구절에서 간구의 대상인 "주"는 분명히 예수를 의미하며, 이는 데살로니가후서 3:16에서도 마찬가지이다. "평강의 주께서 친히 때마다 일마다 너희에게 평강을 주시고 주께서 너희 모든 사람과 함께하시기를 원하노라."

고린도후서 12:1-10의 흥미로운 본문에서 바울은 자신이 하늘에 올랐던 일을 언급한다. (이는 그가 경험한 여러 "환상과 계시" 중 하나였다[12:1].) 이 본문에서 바울은 사탄이 자신에게 가하도록 허용된 "육체[의] 가시"를 제거해 주시기를 거듭 "주"께 간구했다고 말한다(12:8-9, 여기서 "주"는 예수를 의미한다). 이는 바울이 구체적으로 그리스도께 기도했음을 보여 주는 분명한 사례이다. 이와 유사하게, 사도행전 9:10-19에서는 "주"(예수)에 관한 환상을 서술한다. 이 환상에서 아나니아는 가서 사울/바울을 맞아들이라는 지시를 받는다. 그리고 아나니아는 이 문제에 관해 그리스도와 함께 일종의 기도-대화를 나눈다.

이와 마찬가지로 바울은 자신이 보낸 서신들의 서두에서 '은혜와 평강'을 비는 인사를 전할 때, 하나님과 예수를 함께 복의 근원으로 언급하면서 기원하곤 한다(예를 들면, 고전 1:3; 고후 1:2). 이는 고린도전서 1:3에서 보게 되는 바와 같다. "하나님 우리 아버지와 주 예수 그리스도로부터 은혜와 평강이 있기를 원하노라"(이와 유사한 구절로는 로마서 1:7; 고린도후서 1:2; 갈라디아서 1:3; 빌립보서 1:2이 있다). 바울이 쓴 서신들의 끝부분에서는 이와 똑같이 '은혜를 비는 기원'(grace benedictions)이 등장하곤 하며, 여기서는 예수가 더욱 두드러지게 언급된다. 이는 고린도전서 16:23에서 보게 되는 바와 같다: "주 예수 그리스도의 은혜가 너희와 함께[할지어다]." 이와 유사한 구절로는 로마서 16:20, 갈라디아서 6:18, 빌립보서 4:23, 데살로니가전서 5:28, 데살로니가후서 3:18과 빌레몬서 25절이 있다.[6] 이런 인사말과 기원의 표현들은 바울이

---

6 우리가 잘 아는 고린도후서 13:13의 삼중적이며 장엄한 문구는 독특한 성격을 지닌다. "주 예수 그리스도의 은혜와 하나님의 사랑과 성령의 교통하심이 너희 무리와 함께 있을지어다." 하지만 이 문구에서도 이처럼 예전적인 것으로 여겨지는 표현들 가운데서 예수의 중심적인 위치가 여전히 드러난다.

초기 기독교의 전례 문구를 가져다 썼음을 보여 주는 것으로 널리 인정된다. 그러므로 우리는 이런 표현들 가운데, 당시에 높이 되신 예수께 기원을 드리며 간구했던 공동체적인 예배 의식이 반영되어 있다고 보아야 한다.[7]

여기서 초기 기독교의 기도 관행에서 예수가 차지했던 위치에 관한 증거를 더 폭넓게 살펴보자. 초기 기독교의 여러 문헌에서 예수는 선택된 백성을 위해 하나님 앞에 나아가는 유일한 중재자/변호자로, 기도의 교사이자 본보기로, 또 기도의 대상으로(앞서 살폈듯이 이는 하나님과 함께일 경우도 있고, 혼자일 경우도 있다), 그리고 기독교적인 기도의 효과적인 토대로 여겨진다.[8] 예를 들어 바울은 신자들을 격려하면서 아무도 하나님 앞에서 그들을 정죄할 수 없다고 말한다. 이는 그리스도께서 "하나님 우편에 계[시며]", 그곳에서 "우리를 위하여 간

---

7 예를 들어 Peter T. O'Brien, "Benediction, Blessing, Doxology, Thanksgiving," in *Dictionary of Paul and His Letters*, ed. Gerald F. Hawthorne, Ralph P. Martin, and Daniel G. Reid (Downers Grove, IL: InterVarsity Press, 1993), 68-71을 보라(여기에는 추가적인 참고 문헌 목록이 실려 있다).

8 이런 문헌들에 관한 논의는 다음의 글에 있다. Larry W. Hurtado, "The Place of Jesus in Earliest Christian Prayer and Its Import for Early Christian Identity," in *Early Christian Prayer and Identity Formation*, ed. Reidar Hvalvik and Karl Olav Sandnes (Tübingen: Mohr Siebeck, 2014), 35-56. 이 글은 내 논문 모음집인 *Ancient Jewish Monotheism and Jesus-Devotion: The Context and Character of Early Christological Faith* (Waco, TX: Baylor University Press, 2017), 615-34에도 수록되었다.

구하시[기]" 때문이다(롬 8:34). 전체적으로 살펴볼 때, 이런 사상과 관행들은 전례나 유례가 없다. 특히 신자들이 함께 모인 예배의 정황에서 예수께 직접 간구했다는 흔적들이 그러하다. 이런 사상과 관행들은 초기 기독교의 기도에 독특한 성격을 부여했다. 이는 곧 높이 되신 예수를 통해 드러나고 형성된 특성이었다.

기원(invocation)/고백(confession)

이제 앞의 내용과 밀접히 연관된 경건의 관행을 살펴보려 한다. 고린도전서 1:2에서, 바울은 신자들을 "각처에서 … 우리의 주 되신 예수 그리스도의 이름을 부르는 모든 자들"로 언급한다. 이 표현에는 예배의 정황에서 예수께 기원을 드리는 일반적인 관행이 담겨 있는 듯하다.[9] 이처럼 바울이 이 관행만을 가지고서 신자의 정체성을 나타내는 적절한 표현으로 언급하는 것은 놀라운 일이다. 곧 신자들은 이 예배의 의식을 공유함으로써 서로 연합되었으며, 이를 통해 신자가 아닌 다른 이들과는 구별되었던 것이다. 이와 유사하게, 젊은 시절의

9　예를 들어 Hans Conzelmann, *1 Corinthians: A Commentary on the First Epistle to the Corinthians*, Hermeneia (Philadelphia: Fortress, 1976), 23을 보라. 더 자세한 논의로는 Anthony C. Thiselton, *The First Epistle to the Corinthians: A Commentary on the Greek Text*, NIGTC (Grand Rapids: Eerdmans, 2000), 78-80을 보라.

사울이 열심히 포박하러 다닌 이들 역시 예수의 이름을 "부르는 모든 사람"으로 묘사되는 것에 주목하라(행 9:14, 21).

바울은 로마서 10:9-13에서도 이 관행을 언급하면서 똑같은 동사(*epikaleō*)를 사용한다. 이 본문을 비롯한 여러 본문에서(그 가운데는 구약의 몇몇 본문이 포함된다), 이 동사는 어떤 신을 향한 예식상의 기원을 지칭하는 데 쓰였다.[10] 로마서의 이 본문에서 인상적인 점은, 바울이 구약에서 가져다 쓴 이 표현은 원래 여호와를 부르는 일을 뜻하는 것인데(욜 2:32; 히브리어 본문은 3:5) 여기서는 이 표현이 예수를 향한 예식상의 기원을 뜻하는 데 사용되었다는 것이다. "누구든지 주의 이름을 부르는 자는 구원을 받으리라"(롬 10:13). 구약의 이 본문을 전유해서 예수를 그 지시의 대상으로 삼은 것은 대담한 변화이다. 그런데 더욱 놀라운 것은 예수를 향한 이 예식상의 기원이 명백히 초창기의 기독교에서 실천한 예배/신앙 의식의 중심부에 있었다는 점이다. 당시 예수를 향한 이 기원은 함께 모여 드리는 예배의 핵심 요소였던 것으로 보인다. 이는 바울 자신이 세운 교회들뿐 아니라, 고린도전서 1:2에서 언급되듯이

---

10 구약의 사례로는 창 13:4; 26:25; 왕상 18:24-26; 시 116:4이 있다. 예를 들어 W. Kirchschläger, "ἐπικαλέω," in *Exegetical Dictionary of the New Testament*, ed. Horst Balz and Gerhard Schneider (Grand Rapids: Eerdmans, 1990-93), 2:28-29를 보라.

초기 기독교 공동체들 가운데서 더욱 보편적으로 실천된 의식이었다.

이 점을 확증하는 사례로는, 바울이 고린도전서 16:22에서 사용한 아람어의 유명한 전례 어구 '마라나 타'(*marana tha*)를 들 수 있다. 여기서 이 어구는 주로 이방인들로 구성된 헬라어권 교회들뿐만 아니라 아람어권 신자들 공동체에서도 예수를 향해 유사한 의식상의 기원을 드렸음을 분명히 보여 준다.[11] 이 짧은 어구는 예수를 향한 경배 의식이 예수 운동의 초창기 공동체들 안에서 시작되었음을 보여 주는 명백한 증거로 인정된다.[12] 여기서 바울은 헬라어를 사용하는 주로 (또는 전부) 이방인으로 구성된 고린도 신자들에게 편지를 보내면서, 이 아람어 문구를 굳이 번역하지 않은 채로 사용

---

11 이 점에 관해서는 *One God, One Lord*, 106-7; *Lord Jesus Christ*, 140-41에 있는 내 논의를 보라. Thiselton, *1 Corinthians*, 1348-52와 Anders Eriksson, *Traditions as Rhetorical Proof: Pauline Argumentation in 1 Corinthians*, Coniectanea Biblica, New Testament Series 29 (Stockholm: Almqvist & Wiksell, 1998), 279-98에 있는, 이 어구에 관한 학문적 분석을 자세히 개관한 내용도 살피기 바란다. 이 표현은 디다케 10:6에서도 나타나며, 이 디다케의 경우에는 성찬 기도에서 쓰였다. 요한계시록 22:20에 쓰인 같은 뜻의 헬라어 표현에서 나타나듯이, 원래 '마라나타'는 예수의 재림을 호소하는 문구였던 듯하다. (이것이 부가적인 의미일 수도 있다.)

12 Martin Hengel, "Abba, Maranatha, Hosanna und die Anfänge der Christologie," in *Studien zur Christologie, Kleine Schriften IV* (Tübingen: Mohr Siebeck, 2006), 496-534. 롤린슨(Rawlinson)이 '마라나 타'를 "부세의 이론이 지닌 치명적인 급소"로 언급한 것은 인상적이다. A. E. J. Rawlinson, *The New Testament Doctrine of the Christ* (London: Longmans, Green, 1926), 235.

하고 있다. 이는 그 신자들이 이미 그 문구를 잘 알고 있었음을 보여 주는 것이 분명하다. 실제로 바울은 처음에 고린도에서 선교 사역을 수행할 때 이 전례 문구를 그 교회에 알려 주었을 가능성이 있다. 아마도 이를 통해, 유대 지역에 있는 아람어권 신자들의 예배 의식에 대한 유대감을 그들 속에 심어 주려는 의도였을 것이다. 이런 의도는 바울이 아람어 용어인 '아빠'(Abba)를 써서 하나님을 언급한 데에도 담겨 있는 듯하다(갈 4:6; 롬 8:15). 이 용어 역시 기도와 예배 의식을 반영하는 문맥에서 사용되었다. 한편 여기서 아람어권 신자들의 공동체와 헬라어권 신자들 사이의 언어적인 연결 고리로 쓰인 이 두 표현은 각기 예수('마라나타'에서 기원의 대상이 되는 '마'[Mar])와 하나님('아빠', 이분 역시 신자들이 호소하는 대상이다)을 가리킨다는 점에 주의하기 바란다. 이는 내가 언급했듯이 초창기 기독교 예배 의식의 '이중적인'(dyadic) 형태를 보여 주는 흥미로운 현상이다.

예수를 향한 기원에 더하여, 예수의 높이 되신 상태에 관한 예식상의 (아마도 다함께 드리는) '고백'(confession) 역시 초기 기독교 예배의 특징이었던 것으로 보인다. 로마서 10:9-13에 이 의식에 관한 언급이 포함되어 있기 때문이다: "네가 만일 네 입으로 예수를 주로 시인하며[bomoloeō] 또 하나님께서 그를 죽은 자 가운데서 살리신 것을 네 마음에 믿으면 구원을 받으리라." 고린도전서 12:3 역시 이런 의식을 암시하는 것일 수 있다. 이 구절에서는 "예수는 주님이시다."라는 고백을 성령의 감화에 따른 결과로 간주한다. 이 고백은 한데 모인 예배 공동체의 특징이 되었으며, 이는 바울이 빌립보서 2:9-11에서 상정하는, "예수 그리스도는 주님이시다."라는 미래의 보편적인 찬미를 미리 보여 주는 것이기도 하다. 즉 한데 모인 교회가 예수의 주님 되심을 고백하는 것은 미래에 모든 이가 그분을 시인하게 될 것임을 나타내며 확언하는 예식상의 절차였던 것이다. 이에 따라 당시 교회들의 공적인 예배는 뚜렷이 종말론적인 성격을 띠었다.

세례

초기 기독교 공동체에서 시행된 특징적인 입회 예식은 세례였다. 그런데 현존하는 가장 이른 시기의 증거들은 이 예식에 예수의 이름을 부르며 기원을 드리는 일이 포함되어 있었음을 보여 준다(예를 들어, 행 2:38; 8:16; 10:48; 22:16). "예수의 이름으로"(in/into Jesus' name) 세례를 준다는 어구는 그 세례의 의미가 다음과 같았음을 시사하는 것으로 보인다. 곧 세례를 받은 이가 이를 통해 예수의 소유로 표시되었거나, 적어도 그 세례는 특히 예수와 연관이 있었다는 것이다.[13] 모든 증거를 살필 때, 예수의 이름으로 주는 세례는 처음에 유대 지역에 있던 유대인의 예수 운동 공동체들 가운데서 생겨났다. 로마 시대의 유대교 전통에서, 입회 예식이 이처럼 하나님 외에 다른 존재와 연관을 맺는 것은 놀라운 일인 동시에 유례가 없는 일이었다. 당시 어떤 유대교 집단에서도, 하나님 외에 다른 존재가 이처럼 중심 위치를 차지한 일은 없었기 때문이다.

세례 요한이 회개를 위한 예식으로 세례받을 것을 촉구한 것은 잘 알려져 있다. 그러나 이 예식에 세례 요한을 향한 어떤 기원이 포함되어 있었다는 암시는 없다. 이는 세례 요한 자신이 사역할 당시에나, 그가 죽은 뒤 그의 추종자들 가운데서도 마찬가지였다. 또 다른 예를 들면 쿰란 공동체에서는 '의의 교사'(the Teacher of Righteousness)가 중요한 존재였지만, 예배 시에나 입회 예식의 일부로서 그에게 기원을 드렸다는 증거는 남아 있지 않다.

고린도전서 10:1-5에서, 바울은 당시의 신자들이 처한 상황에 관한 교훈적인 선례로서 출애굽 내러티브에 기록된 사

---

13 Lars Hartman, *"Into the Name of the Lord Jesus": Baptism in the Early Church* (Edinburgh: T&T Clark, 1997); 더 최근에 나온 광범위한 연구서인 Everett Ferguson, *Baptism in the Early Church: History, Theology, and Liturgy in the First Five Centuries* (Grand Rapids: Eerdmans, 2009)를 보라.

건들을 언급한다. 애굽에서 탈출한 고대의 이스라엘 백성이 "모세에게 속하여 다 구름과 바다에서 세례를 받[았다]"는 흥미로운 표현은 그중 일부이다. 여기서 바울은 실질적으로, 초기 기독교 공동체들의 예식 관행에서 유래한 의미와 성격을 출애굽 내러티브에 거꾸로 투영하고 있다. 이때 그는 자신의 상상력을 발휘하여, 이스라엘 백성이 바다를 통과해 나온 것과 그들을 뒤따른 구름의 존재를 "세례"에 견주었던 것이다. 그러나 실제 유대교의 세례 관행에 모세나 다른 어떤 이에게 기원을 드리는 일이 포함되어 있었다는 증거는 없다. 그러므로 예수의 이름 '으로' 세례를 받는 일, 그리고 그 예식 가운데서 그에게 기원을 드리는 일은 초기 기독교의 '이중적인' 예배 형태가 지닌 또 하나의 독특한 특징이었다.

성찬

우리는 초기 기독교에 다양한 형태의 공동 식사 의식이 존재했을 가능성이 충분히 있음을 인정한다. 그런데 이 가운데서, 그들의 모임에 담긴 종교적 의미를 나타내는 식사가 매우 이른 시기부터 기독교 공동체들 가운데서 널리 시행되었을 가능성이 매우 높다.[14] 이 문제와 관련해서도, 바울의 서신

---

14 Paul F. Bradshaw, *Eucharistic Origins* (London: SPCK, 2004); Jerome Kodell,

들은 당시에 교회 모임의 일부로서 공동 식사가 이루어졌음에 관해 현존하는 가장 이른 시기의 자료를 제공한다. 여기서 중요하게 살필 것은 바울이 이 식사에 관한 전통을 "주께" 받았다고 주장한다는 점이다(고전 11:17-34). 이는 그가 자신보다 먼저 기독교 신앙을 수용한 이들에게서 이 전통을 배웠음을 의미하는 듯하다.[15] 이 전통에서, 이 식사는 "너희를 위[한]" 것, 그리고 "새 언약"을 확립하는 것으로서 예수의 죽음에 밀접히 결부되어 있다(11:23-25). 즉 이는 예수를 "기념하[는]" 식사가 되어야만 했던 것이다(*anamnēsis*, 11:25). 그리고 이 식사를 통해, 신자들은 "주의 죽으심"을 선포하게 되어 있었다(*ton thanaton tou kyriou katangellete*, 11:26). 이는 이 식사의 의미가 분명히 예수에게서 유래하는 것이었음을 드러내 준다. 이것은 "주의 만찬"(*kyriakon deipnon*, 11:20)이었으며, 신자들은 그에 걸맞은 태도로 이 식사에 참여해야 했다. 그렇지 않을 경우에는 "주의 몸과 피에 대하여 죄를 짓[게]" 되며(11:27), 그 결과로 "심판"을 받게끔 되어 있었던 것이다

The Eucharist in the New Testament (Wilmington, DE: Michael Glazier, 1988). Dennis E. Smith, *From Symposium to Eucharist: The Banquet in the Early Christian World* (Minneapolis: Fortress, 2003)를 보라. 이 책에서 스미스는 로마 시대의 다양한 사회적 집단에서 공동 식사가 지녔던 의미를 강조한다.

15 이 점에 관한 논의로는 Thiselton, *1 Corinthians*, 866-68을 보라. 여기서 티슬턴은 다른 학자들이 논한 내용도 살피고 있다.

(11:29, 개역개정판에는 이 단어가 "죄"로 번역되었다. – 역주).

어떤 의미에서는 더욱 인상적인 고린도전서의 다른 본문(10:14-22)에서, 바울은 이 기독교의 식사를 이교의 신들에게 바친 제사 음식을 먹는 일과 비교하고 대조한다. 그는 기독교의 식사를 "주의 만찬"으로 언급하며, 여기에는 "주의 잔"과 "주의 식탁"에 참여하는 일이 포함된다(고전 10:21). 이 본문의 문맥에서, 이런 표현들은 이 식사에 명백히 성례적인 성격을 부여한다. 여기서 "주의 식탁"은 "귀신의 식탁"과 직접적인 대조를 이루며, 후자는 곧 이교의 신들을 섬기는 제단, 그리고 그들에게 바친 제사 음식을 먹는 일을 가리킨다. 이교의 신들에게 예배하는 것을 피하라는 바울의 금지령(예를 들어, 10:14)에는 그가 유대교에서 물려받은, 하나님의 유일성을 보호하려는 관심이 분명히 반영되어 있다. 그러나 여기서 강조할 것은 곧 이 본문의 문맥에서, 신자들은 오직 "주"의 식탁에만 참여해야 하는데 이 '주의 식탁'은 바로 예수께 속한 것임을 가리킨다는 점이다. 즉 여기서는 제2성전기 유대교 관행의 특징이었던 의식의 배타성이 수정됨('변이됨')을 통해 예수가 한데 모인 교회의 "주"로 인정되며, 이에 따라 그의 "식탁"에도 동등한 배타성이 부여된다. 이처럼 초기 기독교 공동체들의 공동 식사에서 예수가 지녔던 중심 위치, 그리고 그를 중심으로 하는 "주의 만찬"에 부여되었던 의식의 중요성을 고려할 때, 이 예식은 초기 기독교의 예배가 지녔던 독특한 이중적 형태를 드러내는, 또 하나의 유례없는 현상이다.¹⁶

찬송, 시, 영적인 노래들

(일반적인 의미의) '찬송'(hymn), 즉 소리 내어 부르는/읊조리는 찬양의 노래가 초기 기독교 예배의 고유한 특징을 이루었다는 점이 널리 인정되고 있다.¹⁷ 바울은 '시'(psalm)를 낭송하는 일을 당시 예배 모임에서 나타났던 현상 중 하나로 언급한다(고전 14:26). 골로새서 3:16-17(엡 5:18-20도 보라)에서도 신자들에게 "시와 찬송과 신령한 노래"를 부를 것을 강

---

16 예를 들어 K. G. Kuhn, "The Lord's Supper and the Communal Meal at Qumran," in *The Scrolls and the New Testament*, ed. Krister Stendahl (London: SCM, 1958; repr., New York: Crossroad, 1992), 65-93, 특히 77-78을 참조하라.

17 이제 이 주제에 관해서는 상당한 양의 학술 문헌이 존재하며, 이는 *Lord Jesus Christ*, 147n161에서 언급된 참고 문헌을 통해서도 드러난다. 예를 들어 Martin Hengel, "The Song about Christ in Earliest Worship," in *Studies in Early Christology* (Edinburgh: T&T Clark, 1995), 227-91; Leonard L. Thompson, "Hymns in Early Christian Worship," *Anglican Theological Review* 55 (1973): 458-72; Reinhard Deichgräber, *Gotteshymnus und Christushymnus in der frühen Christenheit: Untersuchungen zu Form, Sprache und Stil der frühchristlichen Hymnen*, SUNT 5 (Göttingen: Vandenhoeck & Ruprecht, 1967)을 보라. Joseph Kroll, *Die christliche Hymnodik bis zu Klemens von Alexandreia* (Königsberg: Hartungsche Buchdruckerei, 1921)는 첫 두 세기의 찬송에 관한 귀중한 연구서로 남아 있다. 미하엘 라트케(Michael Lattke)는 자신의 책 *Hymnus: Materialien zu einer Geschichte der antiken Hymnologie*, NTOA 19 (Göttingen: Vandenhoeck & Ruprecht; Fribourg: Editions universitaires, 1991)를 통해, 고대 종교에서 찬송이 어떻게 사용되었는지를 더 광범위하게 살폈다.

하게 권면한다(이때 이 노래는 다함께 불렀던 것으로 보인다).[18] 이 본문들에서 언급된 '시'는 구약의 시편을 예배에서 낭송하는 일을 지칭할 수 있으며, 하나님과 그리스도를 찬미하기 위해 새로 지은 노래들을 의미할 수도 있다.[19] 그러므로 여기서 "시와 찬송과 신령한 노래"가 모두 거의 비슷한 것을 나타내는지, 또는 서로 구별되는 세 가지 유형의 노래를 나타내는지가 명확하지는 않다.[20] 골로새서 3:16의 경우, 좀 더 가능성이 높은 이문의 독법은 그 노래를 "하나님[께]" 드렸다는 것이다. 이에 반해 에베소서 5:19에 있는 대응 어구에서는, 그 노래를 "주께" 드린다(이는 예수를 가리키는 표현으로 간주할 수 있다).[21] 그런데 여기서 다음의 특징에 주의하는 것은 의미가 있

---

18 골로새서 3:16-17의 권고에는 복수형이 쓰였으며, 이에 따라 나는 이 표현을 교회의 모임에 관련된 활동을 나타내는 것으로 받아들이려 한다.
19 예를 들어 Horst Balz, "ψαλμός," in Balz and Schneider, *Exegetical Dictionary*, 3:495-96을 보라.
20 고대의 독자들에게도 이런 불확실성이 존재했던 것으로 보이며, 이 점은 골로새서 3:16에 관한 본문상의 이문들에서도 살펴볼 수 있다. 이 본문의 경우, 상당히 많은 수의 증거 사본(예를 들어 C³ D¹과 중세에 기록된 대부분의 사본)에는 "시와 찬송과 신령한 노래들"(psalms and hymns and spiritual songs)로 기록되어 있다. (이 표현은 서로 얼마간 구별되는 세 종류의 음악 작품이 있었음을 시사한다.) 그러나 다른 사본들(예를 들어 𝔓46 ℵ B D* 같은)에는 "시, 찬송, 신령한 노래들"(psalms, hymns, spiritual songs)로 기록되어 있다. (이런 표현은 이 단어들이 동일한 종류의 음악 작품을 나타내는 세 가지 명칭으로 쓰였음을 암시할 수 있다.) 물론, 이 중 첫 번째 독법은 에베소서 5:19의 어구와 일치시키기 위해 변형된 표현일 수도 있다.
21 이 경우에도, 일부 사본의 골로새서 3:16에서 나타나는 "주께"(to the Lord)라는 이문의 독법은 에베소서 5:19과 일치시키기 위해 변형된 표현일 수 있다.

다. 이는 곧 이른 시기의 찬송에서 유래했을 가능성이 있는 것으로 자주 간주되는 신약의 본문들(예를 들어, 빌 2:6-11; 골 1:15-20; 요 1:1-18; 엡 5:14; 딤전 3:16), 그리고 명백히 경배의 노래로 분류되는 다른 초기의 본문들(예를 들어, 계 4:11; 5:9-10, 12-13; 7:12; 11:17-18; 15:3-4)은 모두, 예수와 그가 이룬 구속 사역을 찬미하는 데 깊은 관심을 두고 있다는 점이다.[22]

---

22 이 점에 관해서는 자주 인용되는 플리니우스의 보고서도 물론 언급할 수 있다. 이 보고서에서, 그는 그리스도인들이 함께 모였을 때 "그리스도를 신으로 높이는" 노래를 불렀다고 기록한다(*Epistles* 10.96.7). 빌립보서 2:6-11에 관해서는, 과연 이 본문이 초기의 기독론적 찬송 혹은 그 찬송에서 유래한 내용인지를 놓고 학술적인 토론이 계속 이어지고 있다. 예를 들어 Gordon D. Fee, "Philippians 2:5-11: Hymn or Exalted Pauline Prose?," *Bulletin for Biblical Research* 2 (1992): 29-46; Joseph A. Marchal, "Expecting a Hymn, Encountering an Argument: Introducing the Rhetoric of Philippians and Pauline Interpretation," *Interpretation* 61 (2007): 245-55; Ralph Brucker, *"Christushymnen" oder "epideiktische Passagen"? Studien zum Stilwechsel im Neuen Testament und seiner Umwelt* (Göttingen: Vandenhoeck & Ruprecht, 1997); Michael Peppard, "'Poetry,' 'Hymns' and 'Traditional Material' in New Testament Epistles or How to Do Things with Indentations," *Journal for the Study of the New Testament* 30 (2008): 319-42; Jennifer R. Strawbridge and Benjamin Edsall, "The Songs We Used to Sing? Hymn 'Traditions' and Reception in Pauline Letters," *Journal for the Study of the New Testament* 37 (2015): 290-311; Michael Wade Martin and Bryan A. Nash, "Philippians 2:6-11 as Subversive *Hymnos*: A Study in the Light of Ancient Rhetorical Theory," *Journal of Theological Studies* 66 (2015): 90-138; 그리고 여러 저자가 함께 집필한 책인 Clemens Leonhard and Hermut Löhr, eds., *Literature or Liturgy? Early Christian Hymns and Prayers in Their Literary and Liturgical Context in Antiquity* (Tübingen: Mohr Siebeck, 2014)를 보라. 또한 최근의 자료로는 Matthew E. Gordley, *New Testament Christological Hymns* (Downers Grove, IL: InterVarsity Press, 2018)도 살펴보라.

이 노래가 부활하신 예수께 드리는 것이었든, 혹은 예수에 관해 언급하면서 하나님께 드리는 것이었든 간에, 초기 기독교의 찬송/송시(hymn/ode)에 관한 이런 언급과 사례들 속에는 초기 기독교 공동체가 모여 드린 예배에서 예수가 차지했던 중요한 위치가 반영되어 있다. 그리고 이 일은 유대교 전통에서 유례를 찾아볼 수 없는 또 하나의 예배 의식이 된다. 이는 당시 제2성전기 유대교에 속했던 다른 집단들이 드린 예배에서는, 이같이 비슷하게 중심적인 위치를 갖는 다른 존재를 찬미하는 송시/성가에 관한 언급을 찾아볼 수 없기 때문이다. 이것은 초창기 기독교 예배 의식의 특징이었던 '변이'를 보여주는 또 하나의 현상이다.

예언

예언적인 계시는 초기 기독교 예배 모임의 또 다른 특징이었다(예를 들어, 고전 12:10; 롬 12:6).[23] 종종 하나님의 영에 감동을 받은 신자들이 이런 계시들을 받아서 말하곤 했다. 그런데 어떤 계시들은 부활하신 예수께 감동을 받은 것으로서, 그리고/또는 그분의 말씀으로서 제시되었다. 사도행전 13:1-

---

[23] 특히 David E. Aune, *Prophecy in Early Christianity and the Ancient Mediterranean World* (Grand Rapids: Eerdmans, 1983)를 보라.

3에서는 성령이 친히 말씀하시는 예배 장면을 묘사하는데, 이는 그분이 예언적인 계시를 통해 말씀하셨음을 뜻하는 것이 분명하다. 이때 성령은 "내가 불러 시키는 일을 위하여 바나바와 사울을 따로 세[울]" 것을 지시하셨다. 여기서는 계시로 자신의 뜻을 전달한 일인칭 화자가 성령인 것으로 언급되지만, 실상 그 화자는 부활하신 예수임이 분명하다. 예수는 앞서 사도행전에서 국제적인 사역을 위해 바울을 부른 이로 묘사되기 때문이다(행 9:15-17). 오늘날 학자들이 사도행전 13장에 언급된 이 장면의 역사성을 어떻게 평가하든 간에, 당시 저자는 고대의 그리스도인 독자들이 이 장면에서 묘사되는 것이 어떤 종류의 현상인지 알 수 있을 것으로 기대했던 것이 분명하다. 그러므로 이 현상은 1세기 기독교 공동체들의 신념과 경험을 적어도 간접적으로 보여 주는 증거가 된다.

그러나 어떤 예언이 부활하신 예수의 말씀으로서 주어진, 가장 분명하고 잘 알려진 사례는 요한계시록에서 찾아볼 수 있다. 이 문서는 (1:9-16에서 묘사된) 영화롭게 되신 예수의 환상으로 시작되며, 요한은 "네가 본 것…을 기록하라"라는 명령을 받는다. 그 뒤에는 요한계시록 2-3장에 기록된, 일곱 교회에 보내는 일련의 계시가 이어진다. 이 각각의 계시 가운데서, 영화롭게 되신 그리스도는 이 글의 저자를 통해 경고와 격려의 말씀을 주신다. 한편 이 계시들은 또한 "성령이 교회들에게 하시는 말씀"이기도 하다(2:7, 11, 17, 29; 3:6, 13, 22). 예언적인 계시들은 초창기 기독교 예배의 익숙한 특징이었던 것으로 보인다. 그리고 이 계시들은 종종 하나님의 말씀이나 성령의 말씀, 그리고/또는 그리스도의 말씀으로서 상호 교환적으로 전달된 것이 분명하다. 당시의 신자들이 이 계시의 주체를 구별하거나 서로 분리하는 데 많은 노력을 기울였는지는 분명하지 않다.

이 점은 고린도전서 12:4-11에서도 확증된다. 여기서 바울은 다양한 은사 현상을 열거하는데, 그 가운데는 몇몇 유형의 영감에 의한/예언적인 말씀의 은사도 포함되어 있다. 그리고 바울은 삼중적인 표현 방식을 통해, 이 은사들의 원천을 "같은 성령", "같은 주"(이는 분명히 예수를 의미한다), "같은 하나님"께 돌린다(12:4-6). 구약 본문에서는 유일하신 하나님 외에 다른 원천에서 나온 예언을 부정적인 태도로 대하는 점, 그리고 초기 유대교의 다른 집단에서는 이처럼 하나님이 아닌 다른 존재의 이름으로 주어진 계시가 나타나지 않는다는 점에 비추어 볼 때, 이렇게 계시의 근원을 부활하신 예수에게 돌리는 것은 보기 드문 현상이다.[24] 이런 현상을 통해, 부활하신

---

24 예를 들어 신명기 13:1-11에서 여호와 하나님이 아닌 다른 신의 이름으로 말하는 선지자들에 대한 경고를 보라.

예수는 하나님의 역할에 직접적으로 견줄 법한 역할을 부여 받게 되며, 이런 그의 역할은 교회가 함께 모여 드리는 예배의 정황에서 실행된다.

6장
결론

지금까지 간단히 살펴본 이 몇 가지 현상은 로마 시대의 정황에서 독특한 성격을 띠었던 일단의 예배 의식(儀式)을 이룬다. 이는 특히 이 의식들이 처음에 생겨난 기반이 되었던 유대교 전통의 맥락에서 살필 때 더욱 그러했다. 로마 시대의 더 폭넓은 종교적 환경에 여러 다양한 신들이 존재했던 것과는 달리, 초창기 기독교 문헌에는 제2성전기 유대교의 배경에서 물려받은 의식의 배타성이 반영되어 있다. (나는 이런 특징에 '고대 유대교의 유일신론'이라는 명칭을 붙인 바 있다.) 예수 운동은 바로 이런 배경 가운데서 생겨났으며, 처음에는 제2성전기 유대교 전통 내부에서 나타난 독특한 변형의 성격을 띠었다. 그런데 예배 의식의 측면에서 예수 운동이 독특성을 띠게 된 것은 그 이중적인 형태 때문이었다. 이 형태는 부활하신 예수를 유일하신 하나님과 함께 경배의 대상에 포함시키는 일에 연관된다. 앞서 언급했듯이 예수 운동은 처음에 고대 유대교의 배경에서 생겨났지만, 남아 있는 모든 증거를 살필 때 이처럼 이중적인 예배의 형태는 이 예수 운동만의 독특한 특징이었던 것으로 보인다. 당시의 다른 유대교 집단에서는, 현존하는 초창기 기독교의 문헌에서 언급되는 종류의 경배를 유일하신 하나님 외에 다른 존재에게 드렸다는 증거를 찾아볼 수 없기 때문이다.

내가 보기에, 유대교의 통상적인 예배 의식 가운데서 급격히 생겨난 이 이른 시기의 '변이'는 초창기에 이 운동에 동참한 이들이 그렇게 해야 할 의무를 느꼈을 경우에만 일어날 수 있었던 일이었다. 이는 곧 하나님이 예수께 경배할 것을 요구하신다는 그들의 확신 때문이었으리라는 것이 내 생각이다. 그러므로 그들이 보기에, 당시에 생겨난 이중적인 형태는 유일하신 하나님께 대한 순종의 결과였을 것이다. 그들에게 이 일은 유일하신 하나님께 대한 충성에서 벗어나는 것이 아니었다. 오히려 이 일은 그 하나님이 예수를 높이시고 모든 이가 경배해야 할 주님으로 지명하신 일에 대한 적절한 응답으로서 요구하신 헌신의 결과였다.

　앞서 출간한 글들에서, 나는 이런 확신이 강력한 종교적 체험을 통해 생겨났을 것이라고 언급했다. 그 당사자들에게 이 같은 종교적 체험은 계시적인 것으로 다가왔을 것이다.[1] 이런 체험 가운데는 높이 되신/영화롭게 되신 예수의 모습을 본 일들이 포함된다고 볼 수 있다. 이를테면 부활 내러티브 같은 본문에서 나타나는 일들이나 사도행전 7:55-56에서 스데반이 예수의 모습을 본 일, 요한계시록 1:9-16에서 자세히 묘사되는 환상 등이 그러하다. 이같이 예수의 모습을 본 이들은 하나님이 그를 높이시고 영화롭게 하셨다는 확증을 얻었을 것이다. 나는 당시에는 예수께서 높이 되셨으며 그에게 경배하는 것이 하나님의 뜻임을 선언하는 예언적 계시들이 존재했을 것이라고 본다. 이에 더해 우리는 구약의 본문들에 대한 '은사적인 주해'가 끼친 영향력을 감안해야 한다. 이런 해석을 통해, 구약의 그 본문들이 갑자기 예수에 관해 증언하는 것으로 보였던 것이다. 앞서 언급했듯이, 이 현상은 예를 들어 이사야서 45:22-23의 내용이 빌립보서 2:9-11에서 새롭게 전유된

---

1 Larry W. Hurtado, "Religious Experience and Religious Innovation in the New Testament," *Journal of Religion* 80 (2000): 183-205; Hurtado, "Revelatory Experiences and Religious Innovation in Earliest Christianity," *Expository Times* 125 (2014): 469-82.

일의 배후에 놓여 있음이 분명하다.

어떤 경우든, 유대인 신자 공동체들은 놀랄 정도로 이른 시점에 강한 확신을 얻게 되었던 것이 분명하다. 이는 곧 하나님이 예수를 독특한 천상의 영광에 이르도록 높이셨으며, 이제는 자신들의 예배 가운데서 그에게 경배할 것을 요구하신다는 확신이었다. 이런 확신은 요한복음 5:22-23에서 직접적으로 언급되며, 이 구절에서는 다음과 같은 하나님의 뜻을 선포한다. "… 이는 모든 사람으로 아버지를 공경하는 것같이 아들을 공경하게 하려 하심이라. 아들을 공경하지 아니하는 자는 그를 보내신 아버지도 공경하지 아니하느니라." 그런데 이런 확신이 요한복음 기록 당시에 생겨났을 것 같지는 않다(좀 더 이른 시기에 생겨났을 것이라는 의미 - 역주). 오히려 여기에서는, 당시 유대인들이 예수의 정당성을 비판하면서 이의를 제기하던 정황에서 간결하고 다소 논쟁적인 방식으로 이 문제를 다룬 표현으로 보아야 한다.[2] 그러나 앞서 언급했듯이 유대인 신자 공동체가 예수께 경배하는 일에 반대하는 사람들

---

[2] 대다수의 학자들과 함께, 나는 이 본문을 비롯한 요한복음의 여러 본문에 당시 '부활 이후'(post-Easter) 시기에 있었던 신자들의 정황이 반영되어 있다고 본다. 요한복음의 독특한 성격은 부활 이후 수십 년 동안 신자들이 겪었던 상황과 그들이 씨름했던 문제들의 빛 아래서 예수께서 행하신 사역의 내러티브를 서술한다는 데 있다. 이런 상황과 문제들 가운데는 유대인들의 강경한 반대가 포함되며, 이는 신자들이 "회당"에서 쫓겨날 일에 관한 요한복음의 독특한 언급에서도 드러난다(예를 들어, 요 9:22; 12:42; 16:2-4).

은 상당히 이른 시기부터 존재했으며, 그런 반대자 가운데는 젊은 바리새인인 다소의 사울 같은 동료 유대인들도 포함되어 있었던 것으로 보인다.

내가 이 논의의 서두에서 안타까워했듯이, 이상하게도 예수에 관한 초기의 신념을 다룬 학술적 연구서들에서는 당시 모습에 관한 증거로서 초기 기독교의 예배가 지녔던 성격과 특징의 중요성을 간과하거나 과소평가하곤 한다. 하지만 강조하기 위해 요점을 다시 언급하자면(이는 꼭 필요한 강조점이다!), 예배가 종교의 중심 표현이었던 로마 제국 초기의 역사적 맥락에서, 그리고 예배에 관해 유대인들이 보였던 민감한 태도에 비추어 볼 때, 초기 유대인 그리스도인 공동체에서 예수가 숭앙과 섬김의 대상에 포함된 것은 매우 이례적인 사건이었다. 역사적인 관점에서 볼 때, 당시에 예수께 의식에 따른 경배를 드렸던 관행은 부활하신 예수께서 단시간 내에 유일하신 하나님께 비견되는, 또 그 하나님과 독특한 방식으로 연관되는 신적 지위를 얻었음을 보여 준다. 이 점에서 이런 의식들은 많이 연구되어 온 기독론적인 주장과 수사들보다도 더욱 뚜렷한 증거가 된다. 그리고 이런 현상은 현존하는 초창기 문헌에서도 이미 당연한 전제로 간주될 정도로 급격히 일어난 것으로 보인다. 처음에 이 현상은 로마 시대 유대교 전통에서 생겨난 새로운 '변이'였다. 또한 이 초기의 기독교 문헌들은 초기의 예수 운동에 속했던 다양한 공동체들 가운데서 이 문제에 관해 어떤 견해차나 논쟁이 있었다는 인상을 주지 않는다. 물론 처음에는 예수께 경배하기를 꺼려하는 이들도 얼마간 있었을지 모른다. 하지만 현존하는 증거들(특히 바울의 서신들)을 가지고 판단할 때, 이 예수-섬김은 초기 기독교의 바울적인 양상을 비롯한 여러 양상들, 그리고 당시의 유대인과 이방인 회중 모두의 특징이었던 것으로 보인다.

다시 반복하겠다. 높이 되신 예수께서 하나님과 함께 초창기 예수 운동의 공동체에서 행했던 숭앙과 예배의 의식 속에 계획에 따라 포함됨으로써, 새롭고 분명하게 독특한 '이중적' 예배의 형태가 확실하게 구성되었다. 그리스도인들이 이 사건의 신학적인 중요성에 몰두하게 된 것은 이후 여러 세기 동안의 일이었지만, 예수를 어떤 방식으로든 신적 영광과 지위를 공유하는 존재로 받드는 결정적인 진전은 놀라울 정도로 이른 시기에 이루어졌다. 이런 진전은 기독론적인 수사를 통해서도 표현되었지만, 그 진전이 가장 중요하고 뚜렷하며 놀라운 방식으로 드러난 것은 바로 이 이중적인 예배 형태를 통해서였다.

부록

주와 하나님

∽

자신의 말과 행적을 통해, 나사렛 예수는 그가 메시아라는 (또는 장차 그렇게 될 것이라는) 기대를 불러일으켰다.[1] 로마 당국자들이 예수를 십자가에서 처형한 이유는 아마 그가 이런 희망을 불러일으킨 데 있었을 것이다. 하지만 실제로 예수는 자신이 신적 존재임을 주장하지 않았으며, 지상 사역 동안에는 그런 존재로 경배받지도 않았다. 예수께서 신적 지위를 얻은 것과, 이에 따라 신약에 담긴 것과 같은 예배 의식들이 나타난 것은 그가 십자가에서 처형된 후에야 이루어진 일이었다. (물론 그 일은 놀라울 정도로 짧은 시간 안에 일어났다.) 이런 발전의 핵심 요인은 부활하신 예수를 만난 신자들의 체험('환상'[vision])이었다. 초창기 유대인 신자들의 공동체 가운데서

---

[1] 허락을 받고 다시 수록한 글. Copyright ⓒ2014 by *The Christian Century*. 래리 허타도의 "주와 하나님"(Lord and God)은 *The Christian Century* 2014년 7월 21일판에 실렸던 것으로, 허락을 받고 이곳에 다시 실었다.

이런 체험은 하나님이 예수를 죽음에서 (육체적으로) 일으키셨으며, 그를 독특한 천상의 지위에 올리시고 영광을 받게 하셨다는 확신을 불러일으켰다. 그 이후로도 수십 년, 수백 년에 걸쳐 기독론적인 신념이 계속 발전하면서 마침내 고전적인 삼위일체 교리가 형성되었다.

요약하자면, 바로 위의 내용이 바트 어만의 책 『예수는 어떻게 신이 되었나』에 담긴 요지이다.[2] 이 주제에 관한 역사적 접근법에 친숙한 사람이라면, 이런 내용이 새로운 결론으로 다가오지는 않을 것이다. 실제로 상당히 많은 신약학자들이 위의 내용을 지지해 왔으며, 특히 지난 수십 년 동안 그러했다. 놀라운 '고기독론'(high Christology)이 예수의 십자가 처형 이후 매우 짧은 시간 안에 생겨났다는 것, 그리고 부활하신 예수께서 초창기 신자들의 집단적인 예배 의식에서 주목할 만한 위치를 차지했다는 것은 점점 더 널리 인정되어 왔다. 독일의 위대한 신약학자인 마르틴 헹엘이 예수께서 처형된 시기부터 바울이 초창기 서신을 기록하기까지의 이십 년 동안 이루어진 발전에 관해 언급했듯이, "본질적인 면에서 볼 때, 기독론 분야에서는 이 얼마 안 되는 기간 동안에 그 이후

---

2 Bart D. Ehrman, *How Jesus Became God: The Exaltation of a Jewish Preacher from Galilee* (New York: HarperOne, 2014). 『예수는 어떻게 신이 되었나』(갈라파고스).

의 칠백 년에 걸친 교회 역사에서 일어난 것보다 더 많은 일이 일어났다."

그러나 어만의 책은 대체로 이런 학문적 작업에 익숙하지 않은 독자들을 위해 쓴 것이다. 그는 분명히 이 같은 독자들에게 극적인 인상을 주려는 의도를 품고 있다. 대개의 경우, 역사적 자료에 익숙하지 않은 그리스도인들은 예수의 신적 지위에 관한 신념이 예수 자신의 주장에서 유래했다고 여길 것이다. 많은 비그리스도인들 역시, 예수에 관한 전통적인 기독교 신념이 지닌 타당성은 예수가 실제로 그에 상응하는 주장을 했는지에 달려 있다고 간주할 것이다. 이 두 종류의 독자 모두에게, 초창기의 신자들이 예수에 관해 고백했던 내용을 정작 예수 자신은 주장하지 않았다는 '뉴스'는 다소 충격적인 것으로 다가올 수 있다.

자신의 다른 대중적인 저서들에서와 마찬가지로, 어만은 이 책에서 그저 정보를 제공하는 데 그치지 않고 오히려 다양한 독자층 가운데서 논란을 불러일으키려는 것이 분명하다. 더 자세히 말하면, 그는 순진한 전통적인 기독교인들을 놀라게 하는 동시에 우려에 찬 기독교 신앙의 변증가들을 동요시키기를 원한다. 그리고 동료 불가지론자(어만은 자신이 이 범주에 속한다고 언급한다)와 회의론자들에게는 그들의 의심에 정당한 이유가 있음을 보증하려 한다. (그는 분명히 반응을 불러일으키는 데 성공했다. 그의 이 책이 나온 것과 거의 동시에, 여러 저자의 반론 모음집인 *How God Became Jesus: The Real Origins of Belief in Jesus' Divine Nature*가 존더반 출판사에서 출간되었기 때문이다.『하나님은 어떻게 예수가 되셨나?: 바트 어만에 대한 반박』, 좋은씨앗)

어만이 이처럼 논쟁적인 태도로 의제를 설정하는 것은 활발한 토론을 불러일으킴과 더불어 자신의 책이 잘 팔리게 만드는 데 도움이 될 것이다. 하지만 어만의 그런 태도 때문에 균형 잡힌 역사적 그림을 제공할 능력이 다소 약화되는 것도 사실이다. 현재 어만은 채플 힐의 노스캐롤라이나 대학교에서 가르치고 있으며, 일반 독자층을 대상으로 다양한 주제에 관해 이와 비슷하게 자극적인 어조를 지닌 일련의 책들을 냄으로써 명성을 얻었다. 그가 이 책들에서 다룬 주제로는 신약 사본의 이문들(『성경 왜곡의 역사』[*Misquoting Jesus*, 청림출판], 이문[異文, variants]은 본문상의 차이점이 나타나는 신약의 사본들을 가리킨다. - 역주]), 악의 문제(『고통, 인간의 문제인가 신의 문제인가』[*God's Problem*, 갈라파고스]), 다른 사람의 이름을 차용한 성경 문헌들(*Forged*[위조된 글들]) 등이 있다. 이런 책들은 '데일리 쇼'(*The Daily Show*)와 '콜버트 리포트'(*The Colbert Report*)에서도 소개되었으며(둘 다 미국의 TV 토크쇼 프로그램이다. - 역주), 적어도 다른 학자들이 쓴 대부분의 책과 비교할 때에는 엄청난 판매고를 올렸다. 이 모든 책에서, 그는 순진한 근본주의 기독교인에서 수다스러운 (하지만 대체로 우호적인) 불가지론자로 옮겨 간 자신의 여정을 자주 언급한다. 또 대중적인 책들을 집필하는 것과 더불어, 그는 자주 기독교 변증가들을 상대로 공적인 토론에 참여하곤 한다. (이는 그 책들을 집필한 결과이기도 하다.) 이는 그의 공적인 위상을 더 높여 주는 계기가 되었다.

이전 책들에서는, 어만은 자신의 학문적인 지식에 좀 더 직접적으로 의존했다. 하지만 이 책에서는, 그동안 자신이 잘 알려진 연구자로서 관여해 오지 않았던 사안들에 초점을 맞춘다. 이 책에서 그는 지난 수십 년간 예수를 신적인 존재로 여기는 신념의 기원을 조사해 온 몇몇 다른 학자들의 저서에 깊이 (그리고 정중한 태도로) 의존하고 있다. (이 책들 가운데는 『주 예수 그리스도: 초기 기독교의 예수 신앙에 대한 역사적 탐구』 같은 내 저서도 포함된다.) 어만은 학문적인 주장을 사람들이 이해하기 쉽게 전달하는 데 능숙한 솜씨를 보이곤 한다. 하지만 안타깝게도 그는 몇 가지 문제를 다룰 때 사안을 지나치게 단순화하거나 잘못 해석하며, 또 어떤 경우에는 치우친 주장과 논증을 펴기도 한다.

어만이 사안을 지나치게 단순화한 경우의 예를 들어보자. 어만은 이 책의 첫 장에서, 로마 시대의 세계는 신들과 신격화된 인간들(특히 통치자들의 경우)로 가득 차 있었음을 바르게 지적한다. 그리고 이런 현상이 예수를 신적인 존재로 여긴 신념의 기원을 설명하는 데 도움을 줄 것이라고 제안한다. 하지만 그는 로마 시대 유대인들의 경우, 이처럼 많은 신과 반신(半神)들을 숭배하는 일과 통치자들을 신격화하는 관행을 혐오스러운 것, 심지어는 신성 모독으로 여겼음을 언급하지 않는다. 그러므로 로마 시대 당시에 수많은 신들이 존재했던 것이 어떻게 경건한 유대인들의 공동체에서 예수를 신적인 존재로 받아들이는 일을 촉진하는 요인이 되었는지를 입증하기 위해서는 더 많은 설명이 요구된다. (어만 자신도 인정하듯이) 예수의 신성을 처음으로 옹호한 것은 바로 이 유대인 공동체였기 때문이다.

어만이 무리한 방식으로 논쟁적인 관심을 드러내는 사례는 예수의 부활에 관해 우리가 알 수 있는 것과 알 수 없는 것에 관한 그의 논의에서 살펴볼 수 있다. 그는 하나님이 실제로 예수를 죽음에서 일으키시고 천상의 영광으로 높이 이끌어 올리셨는지에 관한 질문에 역사가들이 답할 수 없다는 점을 지적한다. 물론 역사가들은 초기의 신자들이 부활하신 예수를 목격했다고 주장한 점을 언급하고, 그런 주장이 끼친 영향을 추적할 수 있다. 하지만 역사가로서 그들은 이 주장이 타당한지 여부를 판단할 수 없다는 것이다. 그 판단은 신학적, 또는 철학적인 성격을 띠기 때문이다. 어만 자신은 그 주장을 옹호하거나 논박하는 일에 관심이 없다고 단언한다. 곧 자신의 목표는 단순히 그런 주장이 끼친 역사적 영향을 추적하는 데 있다는 것이다.

하지만 어만은 부활하신 예수에 관한 초기 기독교인들의 체험을 먼저 이 세상을 떠난 사랑하는 사람에 관한 '환시' 같은 현상에 비유하는 부분에서 이런 입장을 벗어난다. 그리고 이런 현상들 사이에는 참된 유비가 성립하지 않는다. 그가 언급하는 애도의 체험들에서는 대개 그 사랑했던 이가 부활해서 영화롭게 된 일, 또 천상의 영광으로 높여져서 하나님의 오른편에 앉게 된 일 같은 것은 나타나지 않기 때문이다. 이런 사실은 부활하신 예수에 관한 '환상'(visions)에 애도의 체험 외에 무언가가 작용하고 있었음을 시사한다. 어만의 논의에 담긴 의도는 균형 잡힌 고찰을 제시하려는 것보다, 오히려 예수께서 부활 이후에 나타나신 일을 언급하는 기독교 변증가들의 주장에 맞서는 데 있는 것으로 보인다. 그러므로 초기 기독교의 주장이 지닌 타당성의 문제를 제쳐 두겠다던 그의 언급은 겉치레에 불과한 듯하다.

이 같은 어만의 무리한 논쟁적인 관심은 기이할 정도로 길게 이어지는 다음의 주장에서도 드러난다. 이는 곧 예수께서 적절한 방식으로 매장되지 않고, 범죄자의 무덤 속에 던져지

거나 들판에서 썩도록 버려졌을 것이라는 주장이다. 여기서도 그의 논의에 담긴 의도는 당시 매장 풍습에 관해 균형 잡힌 역사적 분석을 제시하기보다, 오히려 예수의 빈 무덤에 관한 기독교의 주장에 이의를 제기하려는 데 있는 것으로 보인다. 고대 유대교에 따르면 죽은 자를 매장하는 것은 엄숙한 종교적 의무이며, 여기에는 범죄자들뿐 아니라 십자가에 못 박힌 이들까지 포함된다(예를 들어, 토비트서 1:16-18; 요세푸스, 『유대 전쟁사』(Jewish War, 나남) 4.317). 하지만 어만은 그런 관점을 보여 주는 사례들을 언급하지 않고 있다. 이런 유대교의 관심은 로마 시대에 십자가에서 처형되었던 자의 유해에서도 물리적으로 입증된다. 유일하게 현존하는 그 유해는 (이스라엘에 있는) 기브앗 하미브타르(Giv'at Ha-Mivtar)의 무덤에 적절히 안치된 형태로 발견되었기 때문이다.

또 다른 문제는 예수께서 사용한 '사람의 아들'(the Son of Man, 개역개정판에서는 "인자"[人子]로 언급된다. - 역주)이라는 표현에 관한 어만의 논의에서 찾아볼 수 있다. 그는 예수께서 자기 자신이 아니라 미래에 나타날 한 인물을 지칭하기 위해 그 어구를 사용했다고 주장한다. (그에 따르면 예수는 이 표현을 직접 만들어 냈을 수도 있고, 알려지지 않은 어떤 출처에서 가져다 썼을 수도 있다.) 하지만 이 표현이 일정한 의미를 지닌 것으로서 사람들에게 이미 알려져 있는 호칭이 아니었다면, 어떻게 당시의 제자들이 그 말씀의 의미를 알아들을 수 있었겠는가? (이제는 대부분의 학자들이 이 점을 받아들이고 있으며, 어만 자신도 이 점을 인정한다.) 그러므로 예수께서 '사람의 아들'(son of man)이라는 히브리어/아람어의 관용구를 가져다가 구체성을 부여하면서 '그 사람의 아들'(the Son of Man)로 언급했다고 보는 편이 훨씬 더 이치에 맞아 보인다. 곧 예수께서는 자신을 나타내는 독특한 호칭으로 이 어구를 사용했던 것이다. 이 관용구는 복음서에서도 이런 식으로 활용되는 것이 분명해 보인다.

흥미롭게도 어만은 초기 기독교인들의 관점에서 성육신은 곧 예수께서 '일시적으로 사람이 되셨음'을 의미했던 것으로 본다. 하지만 이와 반대로, 전통적인 기독교의 가르침에서 예수의 성육신은, 그가 되돌릴 수 없는 방식으로 인간의 본성을 취하셨음을 뜻한다. 그의 부활하신 몸은 신자들에게도 주어질 영광을 미리 보여 주는 것이다(예를 들어, 빌 3:21).

어만은 신약의 저자들이 예수를 아버지 하나님과 동일시하지 않는다는 점을 대단히 중요하게 여긴다. 물론 그 저자들이 그 둘을 동일시하지 않는 것은 사실이다. 그러나 이 점은 이후에 형성된 기독론의 고전적인 표현들에서도 나타나는 특징이다. 이는 심지어 (어만의 표현처럼) "완전하고 충분하며, 완벽한 의미에서" 예수의 신성을 언급하는 어구들에서도 찾아볼 수 있다. 오히려 순교자 유스티누스 이후의 고전적인 기독교 저술가들이 "성부"와 "성자"가 "숫자적으로 구별된다"는 점을 강조했다.

어만은 예수의 신적 지위에 관한 신념들의 기원을 논하면서, '승귀' 기독론('exaltation' Christology, 예수의 부활 시에 하나님이 그에게 신적 지위를 부여하셨다는 개념)과 '성육신' 기독론('incarnation' Christology, 예수는 '선재하는' 신적인 존재였다는 개념)을 서로 구분 짓는 데 특히 힘을 쏟는다. 신약의 글들에 이 두 가지 강조점이 담겨 있는 것은 분명하다. 승귀를 논한 구절 중 하나인 로마서 1:3-4에서는 예수께서 "성결의 영으로는 죽은 자들 가운데서 부활하사 능력으로 하나님의 아들로 선포되셨[다]/지명되셨[다]"라고 언급한다. 어만의 유익한 설명처럼, 이 구절은 바울이 훨씬 더 이른 시기에 생겨난 고백 문구를 자신의 글에 삽입한 것으로 보이는 몇몇 본문 중 하나이다. 바울이 서신들을 썼을 무렵(주후 1세기 50년대), 이런 문구들은 이미 전통적인 고백이 되어 있었다.

그런 다음에 어만은 이 두 개념 가운데서 성육신 기독론이 "좀 더 이후에" 생겨났을 것이라는 자신의 견해를 밝힌다. 다만 그럼에도 불구하고 그 시기가 "놀라울 정도로 이른" 때였으리라는 점을 인정한다. 곧 이 기독론은 바울이 이미 그 개념을 자신의 전제로 삼았을 정도로 이른 시기에 생겨났다는 것이다. 하지만 그는 고대 유대교의 자료들(특히 에녹 1서 같은 묵시 문헌)에 담긴 증거를 고려하지 않고 있다. 이는 곧 종말론적인 존재들의 '선재'(先在)가 유대교의 중요한 신학적 주제였음을 보여 주는 증거들이다. 그리고 이런 증거들은 예수의 선재에 대한 관념이 다음과 같은 확신의 거의 즉각적인 결과물로 생겨났을지도 모른다는 점을 시사한다. 이는 곧 하나님이 예수를 종말론적인 구속자, 즉 메시아로 삼으시고, 독특한 방식으로 그를 높이 올리셔서 천상의/신적 영광에 이르게 하셨다는 확신이다.

이런 요점은 (어만도 인정하듯이) 이 두 유형의 기독론적인 언급이 초창기의 자료들에서 자주 결합되어 나타나는 이유를 설명해 준다. 이런 경우를 보여 주는 사례로는 빌립보서 2:6-11의 유명한 찬송시가 있다. (어만을 포함한) 대부분의 학자들에 따르면, 이 본문에서 예수는 선재하는 신적인 존재로서 먼저는 사람으로 '성육신'하셨으며(6-8절), 그 후에는 하나님이 그를 높고 유일한 지위로 이끌어 올리셔서 창조 세계의 모든 영역에서 그의 '주' 되심을 시인하게 하신 것으로 묘사된다(9-11절). 그러므로 간단히 말하자면, 과연 어만의 말처럼 첫 세대 그리스도인들이 예수의 승귀에 관한 주장과 그의 선재에 관한 주장을 예리하게 구분했는지가 확실하지 않은 것이다. 과연 그들이 이 두 주장을 서로 긴장 관계에 있는 것으로 보았는지 여부도 마찬가지다.

바울이 예수를 천사 같은 존재로 여겼다는 어만의 주장도 상당히 의아하게 다가온다. 어만은 이런 관점을 바울이 지녔던 기독론의 핵심으로 간주한다. 하지만 그의 논의는 갈라디아서 4:14에서 바울이 예수를 "하나님의 천사"와 동일시한다는 주장에 지나치게 의존하고 있다. (이는 대부분의 해석자들이 따르지 않는 입장이다.) 오히려 대다수 해석자들의 경우, 갈라디아인들이 그를 "하나님의 천사와 같이 또는 그리스도 예수와 같이" 영접했다는 바울의 언급을 그 의미가 점점 더 강조되는 대안적인 표현들의 조합으로 간주한다. 또한 어만은 바울이 예수를 천사들과 구별했음을 보여 주는 증거들을 무시한다(예를 들어, 롬 8:31-39). 여기에 덧붙여 언급할 점은, 지금까지 알려진 로마 시대 당시 유대인들의 어떤 집회에서도 천사들(또는 이른바 '사람의 아들')이 경배를 받았다는 증거가 없다는 것이다. 그러므로 부활하신 예수께서 초창기 기독교 예배에서 주목할 만한 위치에 놓였던 일은 그를 일종의 천사로 여겼던 관점의 결과로 설명될 수 없다.

요약하자면, 이 책은 복합적인 반응을 이끌어 낸다. 한편으로, 어만은 전반적인 면에서 좋은 지식 전달자이다. 그의 책을 통해, 많은 독자들은 기독교의 기원에 관한 학문적 탐구 분야의 몇 가지 사안과 접근 방식을 소개받을 수 있을 것이다. 하지만 어떤 부분에서 그의 논증은 잘못된 정보에 근거하거나 다소 미심쩍은 모습을 보인다.

부활하신 예수의 신적 지위에 관한 초기 기독교의 놀라운 주장과 이에 수반되었던 일련의 예배 의식들은 로마 시대의 정황에서 새로운 진전을 이룩했던 것으로 보인다. 이런 일들은 당시의 유대교, 또는 '이교의' 종교 현상과 대조를 이루었다. 이제는 아마도 그리스도인들과 비그리스도인들 모두 이런 주장과 의식들에 익숙해져서, 당시에 이런 일들이 지녔던 새롭고 놀라운 성격에 더 이상 주목하지 않는 듯하다. 그러니 만일 어만의 책을 통해 사람들이 초창기 기독교에서 예수 섬김이 생겨났던 놀라운 현상에 좀 더 관심을 갖게 된다면, 우리는 그의 책이 좋은 영향을 끼쳤다고 여길 수 있을 것이다.

참고 문헌

Alexander, Philip. *The Mystical Texts: Songs of the Sabbath Sacrifice and Related Manuscripts*. London: T&T Clark, 2006.

Althaus, Paul. "Unser Herr Jesus: Eine neutestamentliche Untersuchung: Zur Auseinandersetzung mit W. Bousset." *Neue Kirchliche Zeitschrift* 26 (1915): 439-57.

Ameling, Walter. "Epigraphy and the Greek Language in Hellenistic Palestine." *Scripta Classica Israelica* 34 (2015): 1-18.

Aune, David E. *Prophecy in Early Christianity and the Ancient Mediterranean World*. Grand Rapids: Eerdmans, 1983.

Balz, Horst. "ψαλμός." In Vol. 3 of *Exegetical Dictionary of the New Testament*, ed. Horst Balz and Gerhard Schneider, 495-96. Grand Rapids: Eerdmans, 1990-93.

Barclay, John M. G. *Jews in the Mediterranean Diaspora: From Alexander to Trajan (323 BCE-117 CE)*. Edinburgh: T&T Clark, 1996.

Bauckham, Richard. "Devotion to Jesus Christ in Earliest Christianity: An Appraisal and Discussion of the Work of Larry Hurtado." In *Mark, Manuscripts, and Monotheism: Essays in Honor of Larry W. Hurtado*, edited by Chris Keith and Dieter T. Roth, 176-200. London: Bloomsbury/T&T Clark, 2014.

_____. "The Worship of Jesus in Apocalyptic Christianity." *New Testament Studies* 27 (1981): 322-41.

_____. "The Worship of Jesus." In *The Climax of Prophecy: Studies on the Book of Revelation*, 118-49. Edinburgh: T&T Clark, 1993.

_____. *God Crucified: Monotheism and Christology in the New Testament*. Carlisle, UK: Paternoster, 1998.

_____. *Jesus and the God of Israel: God Crucified and Other Studies on the New Testament' Christology of Divine Identity*. Milton Keynes, UK: Paternoster, 2008.

Beard, Mary, John North, and Simon Price. *Religions of Rome*. Cambridge, UK: Cambridge University Press, 1998.

Boers, Hendrikus. "Jesus and Christian Faith: New Testament Christology since Bousset's Kyrios Christos." *Journal of Biblical Literature* 89 (1970): 450-56.

Bohak, Gideon. *Ancient Jewish Magic: A History*. Cambridge, UK: Cambridge University Press, 2008.

Borgen, Peder. "'Yes,' 'No,' 'How Far?' The Participation of Jews and Christians in Pagan Cults." In *Paul in His Hellenistic Context*, edited by Troels Engberg-Pederson, 30-59. Minneapolis: Fortress, 1995.

Botta, Alejandro F. "Elephantine, Elephantine Papyri." In *The Eerdmans Dictionary of Early Judaism*, edited by John J. Collins and Daniel C. Harlow, 574-77. Grand Rapids: Eerdmans, 2010.

Bousset, Wilhelm. *Kyrios Christos: A History of Belief in Christ from the Beginnings of Christianity to Irenaeus*. Translated by John E. Steely. Nashville: Abingdon Press, 1970. Reprint, Waco, TX: Baylor University Press, 2013. First published in German 1913, 1921 by Vandenhoeck & Ruprecht (Göttingen).

_____. *Jesus der Herr: Nachträge und Auseinandersetzungen zu "Kyrios Christos."* FRLANT n.s. 8. Göttingen: Vandenhoeck & Ruprecht, 1916.

Bradshaw, Paul F. *Eucharistic Origins*. London: SPCK, 2004.

Bremmer, Jan N. "Atheism in Antiquity." In *The Cambridge Companion to Atheism*, edited by Michael Martin, 11-26. Cambridge, UK: Cambridge University Press, 2007.

Brodd, Jeffrey, and Jonathan L. Reed, eds. *Rome and Religion: A Cross-Disciplinary Dialogue on the Imperial Cult*. Atlanta: Society of Biblical Literature, 2011.

Brucker, Ralph. *"Christushymnen" oder "epideiktische Passagen" Studien* zum Stilwechsel im Neuen Tesetament und seiner Umwelt. Göttingen: Vandenhoeck & Ruprecht, 1997.

Buth, Randall, and R. Steven Notley, eds. *The Language Environment of First Century Judaea*. Leiden: Brill, 2014.

Capes, David B. *Old Testament Yahweh Texts in Paul' Christology*. WUNT 2/47. Tübingen: J. C. B. Mohr [Paul Siebeck], 1992.

Casey, Maurice. *From Jewish Prophet to Gentile God: The Origins and Development of New Testament Christology*. Louisville: Westminster John Knox, 1991.

Chadwick, Henry. *Origen: Contra Celsum*. Cambridge, UK: Cambridge University Press, 1965.

Charlesworth, James H. "Jewish Hymns, Odes, and Prayers (ca. 167 B.C.E.-135 C.E.)." In *Early Judaism and Its Modern Interpreters*, edited by Robert A. Kraft and G. W. E. Nickelsburg, 411-26. Atlanta: Scholars Press, 1986.

Charlesworth, James H., and Carol A. Newsom, eds. *Angelic Liturgy: Songs of the Sabbath Sacrifice*. Louisville: Westminster John Knox Press, 1999.

Chester, Andrew. "High Christology When, When and Why?" *Early Christianity* 2 (2011): 22-50.

Conzelmann, Hans. *1 Corinthians: A Commentary on the First Epistle to the Corinthians*. Hermeneia. Philadelphia: Fortress, 1976.

Cover, Michael. *Lifting the Veil: 2 Corinthians 3:7-18 in Light of Jewish Homiletic and Commentary Traditions*. BZNW 210. Berlin: De Gruyter, 2015.

Davis, Carl J. *The Name and Way of the Lord*. JSNTSup 129. Sheffield: JSOT Press, 1996.

Deichgräber, Reinhard. *Gotteshymnus und Christushymnus in der frühen Christenheit: Untersuchungen zu Form, Sprache und Stil der frühchristlichen Hymnen*. SUNT 5. Göttingen: Vandenhoeck & Ruprecht, 1967.

Drachmann, Anders B. *Atheism in Pagan Antiquity*. London: Gyldendal, 1922.

Dunn, J. D. G. *Did the First Christians Worship Jesus? The New Testament Evidence*. Louisville: Westminster John Knox, 2010.

Ehrman, Bart D. *How Jesus Became God: The Exaltation of a Jewish Preacher From Galilee*. New York: HarperOne, 2014.

Eriksson, Anders. *Traditions as Rhetorical Proof: Pauline Argumentation in 1 Corinthians*. Coniectanea Biblica, New Testament Series 29. Stockholm: Almqvist & Wiksell, 1998.

Falk, Daniel K. *Daily, Sabbath, and Festival Prayers in the Dead Sea Scrolls*. Leiden: Brill, 1998.

Fee, Gordon D. "Philippians 2:5-11: Hymn or Exalted Pauline Prose?" *Bulletin for Biblical Research* 2 (1992): 29-46.

Ferguson, Everett. *Baptism in the Early Church: History, Theology, and Liturgy in the First Five Centuries*. Grand Rapids: Eerdmans, 2009.

Fletcher-Louis, Crispin H. T. "The Worship of Divine Humanity as God's Image and the Worship of Jesus." In *The Jewish Roots of Christological Monotheism: Papers From the St. Andrews Conference on the Historical Origins of the Worship of Jesus*, edited by Carey C. Newman, James R. Davila, and Gladys S. Lewis, 112-28. Leiden: Brill, 1999.

_____. *Jesus Monotheism, Vol. 1, Christological Origins: The Emerging Consensus and Beyond*. Eugene, OR: Cascade, 2015.

Fredriksen, Paula. "Mandatory Retirement: Ideas in the Study of Christian Origins Whose Time Has Come to Go." *Studies in Religion/Sciences Religieuses* 35 (2006): 231-46. Reprinted in *Israel' God and Rebecca' Children: Christology and Community in Early Judaism and Christianity*, edited by David B. Capes, et al., 25-38. Waco, TX: Baylor University Press, 2007.

Garcia Martinez, Florentino, and Eibert J. C. Tigchelaar. *The Dead Sea Scrolls: Study Edition*. Grand Rapids: Eerdmans; Leiden: Brill, 1997.

Gordley, Matthew E. *New Testament Christological Hymns*. Downers Grove, IL: InterVarsity Press, 2018.

Gruen, Erich S. *Diaspora: Jews Amidst Greeks and Romans*. Cambridge, MA: Harvard University Press, 2002.

Hannah, Darrell D. "The Elect Son of Man of the Parables of Enoch." In *"Who Is This Son of Man?" The Latest Scholarship on a Puzzling Expression of the Historical Jesus*, edited by Larry W. Hurtado and Paul L. Owen, 130-58. London: T&T Clark, 2011.

Hartman, Lars. *"Into the Name of the Lord Jesus" Baptism in the Early Church*. Edinburgh: T&T Clark, 1997.

Hay, David M. *Glory at the Right Hand: Psalm 110 in Early Christianity*. Nashville: Abingdon, 1973.

Hayman, Peter. "Monotheism: A Misused Word in Jewish Studies?" *Journal of Jewish Studies* 42 (1991): 1-15.

Hengel, Martin. "Abba, Maranatha, Hosanna und die Anfänge der Christologie." In *Studien zur Christologie, Kleine Schriften IV*, 496-534. Tübingen: Mohr Siebeck, 2006.

____. "Christology and New Testament Chronology." In *Between Jesus and Paul: Studies in the Earliest History of Christianity*, 30-47. London: SCM, 1983. First published in German 1972 by Theologischer Verlag (Zurich). "Christologie und neutestamentliche Chronologie: Zu einer Aporie in der Geschichte des Urchristentums." In *Neues Testament und Geschichte, Festschrift O. Cullmann*, edited by Heinrich Baltensweiler and Bo Reicke, 43-67.

____. "Hymns and Christology." In *Between Jesus and Paul: Studies in the Earliest History of Christianity*, 78-96. London: SCM, 1983.

____. *Judaism and Hellenism: Studies in the Encounter in Palestine During the Early Hellenistic Period*. 2 vols. London: SCM, 1974.

____. "'Sit at My Right Hand!' The Enthronement of Christ at the Right Hand of God and Psalm 110:1." In *Studies in Early Christology*, 119-225. Edinburgh: T&T Clark, 1995.

_____. *Studies in Early Christology*. Edinburgh: T&T Clark, 1995.

_____. *The "Hellenization" of Judaea in the First Century after Christ*. London: SCM, 1989.

_____. *The Son of God: The Origin of Christology and the History of Jewish-Hellenistic Religion*. Philadelphia: Fortress Press, 1976.

Hopkins, Keith. *A World Full of Gods: Pagans, Jews, and Christians in the Roman Empire*. London: Weidenfeld & Nicolson, 1999.

Hurtado, Larry W. "'Ancient Jewish Monotheism' in the Hellenistic and Roman Periods." *Journal of Ancient Judaism* 4 (2013): 379-400.

_____. *At the Origins of Christian Worship: The Context and Character of Earliest Christian Devotion*. Grand Rapids: Eerdmans, 1999.

_____. "Christ-Devotion in the First Two Centuries: Reflections and a Proposal." *Toronto Journal of Theology* 12 (1996): 17-33.

_____. *Destroyer of the Gods: Early Christian Distinctiveness in the Roman World*. Waco, TX: Baylor University Press, 2016.

_____. "Early Christological Interpretation of the Messianic Psalms." *Salmanticensis* 64 (2017): 73-100. Reprinted in Larry W. Hurtado, *Ancient Jewish Monotheism and Early Christian Jesus-Devotion: The Context and Character of Christological Faith,* 559-82. Waco, TX: Baylor University Press, 2017.

_____. "First Century Jewish Monotheism." *Journal for the Study of the New Testament* 71 (1998): 3-26. Reprinted in Larry W. Hurtado, *How on Earth Did Jesus Become a God? Historical Questions about Earliest Devotion to Jesus,* 111-33. Grand Rapids: Eerdmans, 2005.

_____. *God in New Testament Theology*. Nashville: Abingdon, 2010.

_____. *How on Earth Did Jesus Become a God? Historical Questions about Earliest Devotion to Jesus*. Grand Rapids: Eerdmans, 2005.

_____. "Jesus' Divine Sonship in Paul's Epistle to the Romans." In *Romans and the People of God*, edited by Sven K. Soderlund and N. T. Wright, 217-33. Grand Rapids: Eerdmans, 1999.

_____. *Lord Jesus Christ: Devotion to Jesus in Earliest Christianity*. Grand Rapids: Eerdmans, 2003.

_____. "Monotheism, Principal Angels, and the Background of Christology." In *The Oxford Handbook of the Dead Sea Scrolls*, edited by Timothy H. Lim and John J. Collins, 546-64. Oxford: Oxford University Press, 2010.

_____. "New Testament Christology: A Critique of Bousset's Influence." *Theological Studies* 40 (1979): 306-17.

_____. *One God, One Lord: Early Christian Devotion and Ancient Jewish Monotheism*. Philadelphia: Fortress Press; London: SCM, 1988. 2nd ed., Edinburgh: T&T Clark, 1998. 3rd ed., London: Bloomsbury/T&T Clark, 2015.

_____. "Pre-70 CE Jewish Opposition to Christ-Devotion." *Journal of Theological Studies* 50 (1999): 50-57. Reprinted in Hurtado, *How on Earth Did Jesus Become a God?*, 152-78. Grand Rapids: Eerdmans, 2005.

_____. "Religious Experience and Religious Innovation in the New Testament." Journal of Religion 80 (2000): 183-205. Reprinted in Hurtado, How on Earth Did Jesus Become a God?, 179-204. Grand Rapids: Eerdmans, 2005.

_____. "Remembering and Revelation: The Historic and Glorified Jesus in the Gospel of John." In *Israel' God and Rebecca' Children: Christology and Community in Early Judaism and Christianity*, edited by David B. Capes, et al., 195-213. Waco, TX: Baylor University Press, 2007.

_____. "Revelatory Experiences and Religious Innovation in Earliest Christianity." Expository Times 125 (2014): 469-82.

_____. Review of *Angel Veneration and Christology* by Loren T. Stuckenbruck. *Journal of Theological Studies* 47 (1996): 248-53.

_____. Review of *Did the First Christians Worship Jesus?* by J. D. G. Dunn. *Journal of Theological Studies* 61 (2010): 736-40.

_____. Review of *Did the First Christians Worship Jesus? The New Testament Evidence* by James D. G. Dunn. *Larry Hurtado' Blog*. https://larryhurtado.files.wordpress.com/2010/07/dunnwas-jesus-worshipped-review.pdf.

_____. Review of *The Only True God: Early Christian Monotheism in Its Jewish Context* by James F. McGrath. *Larry Hurtado' Blog*. https://larryhurtado.files.wordpress.com/2010/07/mcgrath-reveiw-essay1.pdf.

_____. "The Place of Jesus in Earliest Christian Prayer and Its Import for Early Christian Identity." In *Early Christian Prayer and Identity Formation,* edited by Reidar Hvalvik and Karl Olav Sandnes, 35-56. Tübingen: Mohr Siebeck, 2014. Reprinted in Hurtado, *Ancient Jewish Monotheism and Jesus-Devotion: The Context and Character of Early Christological Faith,* 625-34. Waco, TX: Baylor University Press, 2017.

_____. "Son of God." In *Dictionary of Paul and His Letters,* edited by Gerald F. Hawthorne, Ralph P. Martin, and Daniel G. Reid, 900-6. Downers Grove, IL: InterVarsity Press, 1993.

_____. "The 'Son of God' in/and the Roman Empire: A Review Essay." *Larry Hurtado' Blog*. https://larryhurtado.wordpress.com/2013/01/17/the-son-of-god-inand-the-roman-empire-a-reviewessay/.

_____. "Wilhelm Bousset's Kyrios Christos: An Appreciative and Critical Assessment." *Early Christianity* 6 (2015): 1-13.

_____. "Worship and Divine Identity: Richard Bauckham's Christological Pilgrimage." In *In the Fullness of Time: Essays on Christology, Creation, and Eschatology in Honor of Richard Bauckham,* edited by Daniel M. Gurner, Grant Macaskill, and Jonathan T. Pennington, 82-96. Grand Rapids: Eerdmans, 2016.

_____. "YHWH's Return to Zion: A New Catalyst for Earliest High Christology?" In *God and the Faithfulness of Paul,* edited by

Christoph Heilig, J. Thomas Hewitt, and Michael F. Bird, 417-38. Tübingen: Mohr Siebeck, 2016.

Johnson, Norman B. *Prayer in the Apocrypha and Pseudepigrapha: A Study of the Jewish Concept of God*. SBLMS 2. Philadelphia: Society of Biblical Literature, 1948.

Jonquiere, Tessel M. *Prayer in Josephus*. AJEC 70. Leiden: Brill, 2007.

Jungmann, Joseph. *The Place of Christ in Liturgical Prayer*. Translated by A. Peeler. 2nd ed. London: Geoffrey Chapman, 1965.

King, Charles. "The Organization of Roman Religious Beliefs." *Classical Antiquity* 22 (2003): 275-312.

Kirchschläger, W. "ἐπικαλέω." In Vol. 2 of *Exegetical Dictionary of the New Testament*, ed. Horst Balz and Gerhard Schneider, 28-29. Grand Rapids: Eerdmans, 1990-93.

Kodell, Jerome. *The Eucharist in the New Testament*. Wilmington, DE: Michael Glazier, 1988.

Kramer, Werner. *Christ, Lord, Son of God*. SBT 50. Naperville: Allenson, 1966.

Kreitzer, Larry J. *Jesus and God in Paul' Eschatology*. JSNTSup 19. Sheffield: JSOT Press, 1987.

Kroll, Joseph. *Die christliche Hymnodik bis zu Klemens von Alexandreia*. Königsberg: Hartungsche Buchdruckerei, 1921.

Kuhn, K. G. "The Lord's Supper and the Communal Meal at Qumran." In *The Scrolls and the New Testament*, edited by Krister Stendahl, 65-93. London: SCM, 1958. Reprint, New York: Crossroad, 1992.

Kümmel, Werner G. *The New Testament: The History of the Investigation of Its Problems*. Translated by S. McLean Gilmour and Howard C. Kee. Nashville: Abingdon, 1972.

Lattke, Michael. *Hymnus: Materialien zu einer Geschichte der antiken Hymnologie*. NTOA 19. Göttingen: Vandenhoeck & Ruprecht; Fribourg: Editions universitaires, 1991.

Leonhard, Clemens, and Hermut Löhr, eds. *Literature or Liturgy? Early Christian Hymns and Prayers in Their Literary and Liturgical Context in Antiquity*. Tübingen: Mohr Siebeck, 2014.

Machen, J. Gresham. *The Origin of Paul' Religion*. London: Hodder & Stoughton, 1921. Reprint, New York: Macmillan, 1925.

Mack, Burton. *A Myth of Innocence: Mark and Christian Origins*. Philadelphia: Fortress Press, 1988.

MacMullen, Ramsay. *Paganism in the Roman Empire*. New Haven: Yale University Press, 1981.

Marchal, Joseph A. "Expecting a Hymn, Encountering an Argument: Introducing the Rhetoric of Philippians and Pauline Interpretation." *Interpretation* 61 (2007): 245-55.

Martin, Michael Wade, and Bryan A. Nash. "Philippians 2:6-11 as Subversive Hymnos: A Study in the Light of Ancient Rhetorical Theory." *Journal of Theological Studies* 66 (2015): 90-138.

Martin, Ralph, and Brian Dodd, eds. *Where Christology Began: Essays on Philippians 2*. Louisville: Westminster John Knox, 1998.

Matlock, Michael. *Discovering the Traditions of Prose Prayers in Early Jewish Literature*. LSTS 81. London: T&T Clark, 2012.

McGiffert, Arthur Cushman. *The God of the Early Christians*. Edinburgh: T&T Clark, 1924.

McGrath, James F. *The Only True God: Early Christian Monotheism in Its Jewish Context*. Urbana, IL: University of Illinois Press, 2009.

Milik, J. T., ed. *The Books of Enoch: Aramaic Fragments of Qumran Cave 4*. Oxford: Clarendon, 1976.

Millar, Fergus. *The Emperor in the Roman World, 31 B.C.-A.D. 337*. Ithaca, NY: Cornell University Press, 1977.

Newman, Carey C. *Paul' Glory-Christology: Tradition and Rhetoric*. NovTSup 69. Leiden: Brill, 1992.

Nickelsburg, George W. E., and James C. VanderKam. *1 Enoch: The*

Hermeneia Translation. Minneapolis: Fortress, 2012.

Nilsson, M. P. "Pagan Divine Service in Late Antiquity." *Harvard Theological Review* 38 (1945): 63-69.

Nongbri, Brent. *Before Religion: A History of a Modern Concept*. New Haven: Yale University Press, 2013.

Novenson, Matthew V. *Christ among the Messiahs: Christ Language in Paul and Messiah Language in Ancient Judaism*. New York: Oxford University Press, 2012.

O'Brien, Peter T. "Benediction, Blessing, Doxology, Thanksgiving." In *Dictionary of Paul and His Letters,* edited by Gerald F. Hawthorne, Ralph P. Martin, and Daniel G. Reid, 68-71. Downers Grove, IL: InterVarsity Press, 1993.

Paschke, Boris A. "Tertullian on Liturgical Prayer to Christ: New Insights from De Spect. 25.5 and Apol. 2.6." *Vigiliae Christianae* 65 (2011): 1-10.

Peppard, Michael. "'Poetry,' 'Hymns' and 'Traditional Material' in New Testament Epistles or How to Do Things with Indentations." *Journal for the Study of the New Testament* 30 (2008): 319-42.

_____. *The Son of God in the Roman World: Divine Sonship in Its Social and Political Context*. New York: Oxford University Press, 2011.

Perrin, Norman. "Reflections on the Publication in English of Bousset's Kyrios Christos." *Expository Times* 82 (1971): 340-42.

Pinsent, John. "Roman Spirituality." In *Classical Mediterranean Spirituality*, edited by A. H. Armstrong, 154-94. New York: Crossroad, 1986.

Price, Simon R. F. *Rituals and Power: The Roman Imperial Cult in Asia Minor*. Cambridge, UK: Cambridge University Press, 1984.

Rawlinson, A. E. J. *The New Testament Doctrine of Christ*. London: Longmans, Green, 1926.

Schäfer, Peter. "Magic and Religion in Ancient Judaism." In *Envisioning Magic: A Princeton Seminar and Symposium,* edited by Peter Schäfer and Hans G. Kippenberg, 19-44. Leiden: Brill, 1997.

Sherwin-White, A. N. *The Letters of Pliny: A Historical and Social Commentary*. Oxford: Clarendon, 1966.

Smith, Dennis E. *From Symposium to Eucharist: The Banquet in the Early Christian World*. Minneapolis: Fortress, 2003.

Smith, Mark S. *The Early History of God*. San Francisco: Harper & Row, 1990.

Stendahl, Krister. "Paul and the Introspective Conscience of the West." *Harvard Theological Review* 56 (1963): 199-215. Reprinted in Stendahl, *Paul among Jews and Gentiles*, 78-96. Philadelphia: Fortress Press, 1976.

Stevenson, J., ed. *A New Eusebius*. London: SPCK, 1974.

Strawbridge, Jennifer R., and Benjamin Edsall. "The Songs We Used to Sing? Hymn 'Traditions' and Reception in Pauline Letters." *Journal for the Study of the New Testament* 37 (2015): 290-311.

Stuckenbruck, Loren T. *Angel Veneration and Christology*. WUNT 2/70. Tübingen: J. C. B. Mohr [Siebeck], 1995.

Teixidor, Javier. *The Pagan God: Popular Religion in the Graeco-Roman Near East*. Princeton: Princeton University Press, 1977.

Thiselton, Anthony C. *The First Epistle to the Corinthians: A Commentary on the Greek Text*. NIGTC. Grand Rapids: Eerdmans, 2000.

Thompson, Leonard L. "Hymns in Early Christian Worship." *Anglican Theological Review* 55 (1973): 458-72.

Vos, Geerhardus. "The Kyrios Christos Controversy." *Princeton Theological Review* 15 (1917): 21-89.

Waddell, James A. *The Messiah: A Comparative Study of the Enochic Son of Man and the Pauline Kyrios*. London: T&T Clark, 2011.

Weinfeld, Moshe. "Prayer and Liturgical Practice in the Qumran Sect." In *The Dead Sea Scrolls: Forty Years of Research*, edited by Devorah Dimant and Uriel Rappaport, 241-57. Leiden: Brill, 1992.

Weiss, Johannes. *The History of Primitive Christianity*. 2 vols. London: Macmillan, 1937. Reprinted as *Earliest Christianity*. New York: Harper & Brothers, 1959. First published in German as *Das Urchristentum*, 1917 by Vandenhoeck & Ruprecht (Göttingen).

Wernle, Paul. "Jesus und Paulus: Antitheses zu Bousset's Kyrios Christos." *Zeitschrift für Theologie und Kirche* 25 (1915): 1-92.

Wilcox, Max. "'Upon the Tree' – Deut 21:22-23 in the New Testament." *Journal of Biblical Literature* 96 (1977): 85-99.

Wilken, Robert L. *The Christians as the Romans Saw Them*. New Haven: Yale University Press, 1984.

Yarbro Collins, Adela. "'How on Earth Did Jesus Become a God?' A Reply." In *Israel' God and Rebecca' Children: Christology and Community in Early Judaism and Christianity*, edited by David B. Capes, et al., 55-66. Waco, TX: Baylor University Press, 2007.

_____. "The Worship of Jesus and the Imperial Cult." In *The Jewish Roots of Christological Monotheism: Papers From the St. Andrews Conference on the Historical Origins of the Worship of Jesus*, edited by Carey C. Newman, James R. Davila, and Gladys S. Lewis, 234-57. Leiden: Brill, 1999.

Yerkes, Royden Keith. *Sacrifice in Greek and Roman Religions and Early Judaism*. London: Black, 1953.

주제와 저자 색인

ㄱ

개신교 종교개혁 Protestant Reformation 50-51
공관복음서 Synoptic Gospels 45
구약의 전유 Old Testament, appropriation of 47, 87-91, 108-109, 125
그리스도를 향한 기원 invocation of Christ 105-107, 107-111, 113
그리스도의 부활 resurrection of Christ 16-17, 45-46, 135-137, 138
그리스도의 선재 preexistence of Christ 46, 89, 138-139
그리스도의 성육신 incarnation of Christ 46, 137-139
기도 prayer 73-74, 82, 100, 102-107, 110
기독교 Christianity 15
    무신론 atheism 15, 54-55
    신앙고백 문서/신조 confessional/creedal statements 21, 49-51, 138
    이교의 영향력 pagan influences 11, 29-32, 42
    체험 experiences 93-96, 120, 125, 129, 135
    초기 문헌 early writings 41-42, 81, 86-87, 138-139
    헬라적인 Hellenistic 30, 96
기독교의 헬라적인 기원 Hellenistic, Christian origins 30-31, 96
기독론 Christology
    디아스포라 diaspora 29, 35, 97
    바울의 of Paul 25, 26, 33, 34-35, 87-98, 140
    연대 chronology 32-36, 92, 129-130
    초기의 고(高) early high 33, 35-42, 67-69, 86-98, 126-128

ㄴ

뉴먼, 캐리 Newman, Carey 47, 94n10

ㄷ

다메섹 Damascus 29, 93, 96, 102
던, J. D. G. Dunn, J. D. G. 14, 32, 39-40, 101n4
디아스포라 기독론 diaspora Christology 29-32
디아스포라, 유대의 diaspora, Jewish 66-67
뜻, 하나님의 will, of God 39, 124-126

ㄹ

로마 제국 Roman Empire
    종교들 religions 14-15, 21, 24, 43,

51-59, 61-64, 123, 127
  통치자 숭배 ruler cults　43, 83
롤린슨, A. E. J. Rawlinson, A. E. J.　30-31, 109n12

ㅁ

마귀 demon　64, 115
마라나타 Maranatha　30-31, 109-110
마카베오 Maccabees　57-58, 82-83
메시아 Messiah　46, 78, 87, 139
메이첸, J. 그레셤 Machen, J. Gresham　29-30
멜기세덱 Melchizedek　70-72, 87
무신론 atheism　15, 54-55, 68

ㅂ

바울 Paul
  기독론 Christology　25, 26, 34-35, 39, 41-42, 89-98, 107-111, 138, 140
  다메섹 도상 체험 Damascus road experience　93, 96
  이방인 선교 Gentile mission　94-95, 98n17, 109-110, 119-120
바울의 서신들 Paul, Letters of　25, 26, 34, 35, 39, 41, 92-95, 96, 102-107
  기도 prayer　102-107
  성찬 Lord's Supper　113-116
  시와 찬송 psalms, hymns　116-119
  예수를 향한 기원 invocation of Jesus　107-111

예수에 대한 경배 reverence for Jesus　40-42, 85-95
인사말과 기원의 표현들 salutations and benedictions　104-107
바이스, 요하네스 Weiss, Johannes　95
변이, 유대교에서 기독교로의 mutation, Christianity from Judaism　15-16, 26, 85-98, 101, 115, 119, 124, 127
  정의 definition　85-86
보스, 게할더스 Vos, Geerhardus　28
보컴, 리처드 Bauckham, Richard　37-39
보학, 기디언 Bohak, Gideon　76
부세, 빌헬름 Bousset, Wilhelm　12, 27-36, 97
불트만, 루돌프 Bultmann, Rudolf　28
'비유들', 에녹 1서의 Similitudes, 1 Enoch　77-82

ㅅ

'선택된 자' Chosen One　77-82
성령 Holy Spirit　105n6, 111, 120-121
성찬 Eucharist　50, 103n5, 109n11, 113-116
성찬 Lord's Supper　49-50, 103n5, 113-116
세례 baptism　111-113
세례 요한 John the Baptizer　112
셀레우코스 왕조 Seleucids　57-58, 83
쉐마 Shema　89
스터켄브룩, 로렌 Stuckenbruck, Loren　37, 69-70n11
시 psalms　116-119

신들 gods 15, 51-53, 51-59, 61-64, 67-72, 115
  ~에게 바치는 제사 sacrifices to 52-53, 115
  마귀들인 as demons 64, 115
  유대인들과 Jews and 56-59, 61-64, 66-69, 134
  하늘에 있는 in heaven 70-72
신앙고백 문서와 신조들 confessional, creedal statements 21, 49-51, 138

ㅇ

아람어 사용 Aramaic, use of 31, 109-110, 137
아빠 Abba 110
안디옥 Antioch 29, 35, 97, 102
알렉산드리아의 필론 Philo of Alexandria 43n27, 67, 67n7, 82n25
어만, 바트 Ehrman, Bart 46-47, 69n11, 79n21, 97n16, 129-141
에녹 1서 1 Enoch, book of 77-81, 139
예루살렘 교회 Jerusalem church 35, 94, 97
예루살렘 성전 Jerusalem temple 76
예배 worship 21-22, 24-25, 61-64, 67-69, 120-121
  로마 종교 Roman religions 14-15, 21, 24, 51-59
  신들에 대한 of gods 14-15, 52-59, 61-64, 67-68, 115, 134-135
  천사들에 대한 of angels 37, 69-72, 140
예배 의식 devotional practices 25, 27, 33, 63, 81, 85, 96, 100, 110
예수 그리스도 Jesus Christ 111
  ~에 대한 경배(예배) worship of 15-16, 19, 24-26, 31-48, 83, 99-101, 107-111, 116-119, 121, 126, 140
  ~에게 드리는 기도 prayer to 102-107
  메시아 Messiah 46, 78, 87, 139
  부활 resurrection 16-17, 45-46, 135-137, 138
  선재 preexistence 46, 89, 138-139
  성육신 incarnation 46, 137-139
  신성 divinity 17, 36, 38, 87, 92, 128
  ~를 향한 기원 invocation of 105-107, 107-111, 113
  예언적인 계시 prophetic oracles 119-122, 125
  주(퀴리오스)이신 as Lord, Kyrios 31, 32, 36, 87, 111, 124
  하나님과 God and 86-92, 99-103, 110, 116-119, 123-128, 137-138
예수 그리스도에 대한 경배 worship of Jesus Christ 15-16, 19, 24-26, 31-48, 83, 99-101, 107-111, 116-119, 121, 126, 140
예언적인 계시 prophetic oracles 119-122, 125
요한계시록 Revelation, book of 39, 41, 120, 125
요한복음 John, Gospel of 40n24, 45, 126
우상 숭배 idolatry 58, 62, 68,
유대교의 헬라화 Hellenization of Judaism 10, 66-67

유일신론의 정의 monotheism, definition 63-65, 123
윤리 ethics 52
은사적인 주해, 구약의 charismatic exegesis, of Old Testament 17, 125
이중적인 dyadic
    쉐마의 수정 adaptation of Shema 89-90
    예배 형태 devotional pattern 16, 26, 38, 41-42, 86, 100, 110, 113, 116, 124, 128

ㅈ

제2성전기 유대교 Judaism, Second Temple 11, 44, 80, 115
    ~의 헬라화 Hellenization of 10, 66-67
    기도 prayer 73-74, 82
    디아스포라 diaspora 66-67
    로마 종교와 Roman religion and 24, 42, 58-59
    쉐마 Shema 89-90
    예배 worship 21, 24, 42, 44, 47, 68, 119
    우상 숭배, 신들에 대한 경배로서의 idolatry, worship of gods as 52-54, 56, 133-134
    유일신론 monotheism 63-65, 123
    천사들 angels 70-72, 140
    회당들 synagogues 76
제사 sacrifices 51, 52, 55, 57-58, 64, 76, 115
종교들 religions

로마 시대의 Roman-era 14-15, 21, 24, 43, 51-59, 61-64, 123, 127
체험 experiences 12, 17, 39, 93-96, 120, 125, 129, 135
종교사학파 Religionsgeschichtliche Schule 10, 12, 26, 30
종말론 eschatology 72, 88-89, 91, 111, 139
주(퀴리오스)인 예수 Lord, Kyrios, Jesus as 31, 32, 36, 87, 111, 124

ㅊ

찬송 hymns 36, 78, 116-119
천사들 angels 69, 72, 75
    라파엘 Raphael 73-74
    타락한 fallen 64
체험, 기독교의 experiences, Christian 93-96, 120, 125, 129, 135
초기 기독교 문헌 early Christian writings 37, 40-41, 101-102, 106, 123, 127. 또한 '바울의 서신들' 항목을 보라.
초기의 고(高)기독론 early high Christology 13, 18, 36-38, 46, 95, 127-128
칠십인역 Septuagint(LXX) 71

ㅋ

케이시, 모리스 Casey, Maurice 14, 32
케입스, 데이비드 Capes, David 47
켈수스 Celsus 55
콜린스, 어델라 야브로 Collins, Adela Yarbro 14, 42-43

쿰란 공동체 Qumran community 71-72, 77, 112
크레이머, 베르너 Kramer, Werner 87n3

ㅌ
토비트서 Tobit, book of 73-74, 136

ㅍ
플레처-루이스, 크리스핀 Fletcher-Louis, Crispin 43-45
플리니우스 Pliny 58, 118n22

ㅎ
하나님, 예수와 God, Jesus and 86-92, 99-103, 110, 116-119, 123-128, 137-138
   아빠 Abba 110
   ~의 뜻 will of 39, 124-126
헹엘, 마르틴 Hengel, Martin 10-11, 33, 33n14, 34-35, 36, 66n5, 87n3, 92n8, 109n12
회당들 synagogues 76

성경 색인

구약

창세기
13:4	108n10
26:25	108n10

신명기
13:1-11	121n24
32:17 LXX	64n3

열왕기상
18:24-26	108n10

시편
16편	92n8
81:1 LXX	71
82:1	70-72, 87
95:5 LXX	64n3
110:1	92n8
116:4	108n10

이사야
45:22-23	125
45:23	90-91
65:3 LXX	64n3

요엘
2:32	88, 108

신약

요한복음
1:1-18	118
5:17-24	45
5:22-23	126
6:35-40	45
9:22	126n2
12:42	126n2
16:2-4	126n2
17:5	45

사도행전
2:36	46
2:38	111
7:55-56	125
8:16	111
9:10-19	104
9:14	108
9:15-17	120
9:21	108
10:48	111
13장	120
13:1-3	119-120
17:30-31	46
22:16	111

로마서
1:7	105
1:8	103

8:15	110	1:3-4	102
8:31-39	140	3:4-4:6	94n10
8:34	92, 107	3:12-4:6	91, 93
10:9-13	88, 108, 110	12:1-10	104
10:13	108	13:13	105n6
12:6	119		
16:20	105	**갈라디아서**	
		1:3	105
고린도전서		1:15-16	93, 94n10
1:2	107, 108	4:6	110
1:3	105	4:14	140
8:4-6	89	6:18	105
10:1-5	112		
10:14	115	**에베소서**	
10:14-22	115	1:3	103n5
10:19-21	64	1:17	103n5
10:21	115	5:14	118
11:17-34	114	5:18-20	116-117
11:20	114	5:19	117
11:23-25	114		
11:25	114	**빌립보서**	
11:26	114	1:2	105
11:27	114	2:6-8	46, 90
11:29	115	2:6-11	89, 118, 139
12:3	111	2:9-11	46, 90, 91, 111, 125
12:4-6	121	2:10-11	90
12:4-11	121	3:21	137
12:10	119	4:23	105
14:26	116		
15:1-7	94	**골로새서**	
15:20-28	91	1:3	103n5
16:22	30, 109	1:15-20	118
16:23	105	3:16	117
		3:16-17	116
고린도후서			
1:2	105		

데살로니가전서
3:11-13	103
4:13-5:11	88
4:17	89
5:1-9	89
5:28	105

데살로니가후서
2:16-17	104
3:5	104
3:16	104
3:18	105

디모데전서
3:16	118

빌레몬서
25절	105

요한계시록
1:9-16	120, 125
2-3장	120
2:7	121
2:11	121
2:17	121
2:29	121
3:6	121
3:13	121
3:22	121
4:11	118
5장	39, 41
5:9	41
5:9-10	118
5:12-13	118
5:13	41
7:12	118
11:17-18	118
15:3-4	118
22:20	109n11

외경

토비트서
1:16-18	136
3:1-6	73n14
3:11-15	73n14
8:5-9	73n14
8:15-17	73n14
11:1-2	73n14
11:14-15	73n14
12:6-7	73
12:15	73
12:20-22	73
13:1-18	73n14, 74

위경

에녹 1서
45:3	78
48:2-3	78
48:6-7	78
48:4-5	78
48:4-7	80n22
52:6-9	78
55:4	78
61:6-11	80
61:8	78
61:8-9	78
62:9	80

그 외 고대 문헌

알렉산드리아의 필론
Decal.
61　　　　　82n25

요세푸스
유대 전쟁사(*Jewish War*)
4.317　　　　136

플리니우스
Epistles
10.96.7　　　118n22

이레서원 추천 도서

■ 설교

1. 『청년 설교』· 김상권 · 17,500원
2. 『엑설런트 프리칭』· 크레이그 바르톨로뮤(김광남 역) · 8,000원
3. 『21세기에 다시 본 존 칼빈의 설교와 예배』· 이현웅 · 11,000원
4. 『설교자를 위한 공동서신 강해』· 김병국 · 14,000원
5. 『1인칭 내러티브 설교』· 해돈 로빈슨 외(전광규 역) · 10,000원

■ 성경 연구

1. 『중동의 눈으로 본 예수님의 비유』· 케네스 E. 베일리(오광만 역) · 24,000원
2. 『하나님 중심의 성경 해석학』· 번 S. 포이트레스(최승락 역) · 22,000원
3. 『히브리서 산책』· 최승락 · 14,000원
4. 『성경 역사, 지리학, 고고학 아틀라스』· 앤손 F. 레이니 외(강성열 역) · 90,000원
5. 『예수님의 비유』· 최갑종 · 16,000원
6. 『갈라디아서 주석』· 최갑종 · 34,000원
7. 『고린도후서 주석』· 조석민 · 15,000원
8. 『로마서: 이방인의 사도가 전한 복음』· 최종상 · 20,000원
9. 『어떻게 천천히 읽을 것인가』· 제임스 사이어(이나경 역) · 10,000원
10. 『(이해와 설교를 위한) 요한복음』· 조석민 · 33,000원

■ 신학

1. 『마크 존스의 선행과 상급』• 마크 존스(오현미 역) • 8,500원
2. 『마크 존스의 예수 그리스도』• 마크 존스(오현미 역) • 8,500원
3. 『조지 래드의 종말론 강의』• 조지 래드(이승구 역) • 12,500원
4. 『칭의의 여러 얼굴』• 제임스 패커 외(김형원 역) • 15,000원
5. 『선지자적 반시대성』• 오스 기니스(김형원 역) • 10,000원
6. 『예수님과 안식일 그리고 주일』• 양용의 • 20,000원
7. 『삼위일체: 신약신학 · 실천신학적 연구』• 리처드 보컴 외(신호섭 역) • 27,000원
8. 『구약의 그리스도, 어떻게 설교할 것인가』• 시드니 그레이다누스 (김진섭, 류호영, 류호준 역) • 33,000원

■ 채영삼 교수 저서

1. 『긍휼의 목자 예수: 마태복음의 이해』• 20,000원
2. 『지붕 없는 교회: 야고보서의 이해』• 17,000원
3. 『십자가와 선한 양심: 베드로전서의 이해』• 19,000원
4. 『신적 성품과 거짓 가르침: 베드로후서의 이해』• 29,500원
5. 『삶으로 드리는 주기도문』• 10,000원
6. 『삶으로 내리는 뿌리』• 13,000원
7. 『공동서신의 신학: '세상 속의 교회', 그 위기와 해법』• 45,000원
8. 『코이노니아 성경 해석 가이드북』• 6,000원

▌ 〈일상을 변화시키는 말씀〉 시리즈

1. 『하나님께 소리치고 싶을 때: 욥기』 • 크레이그 바르톨로뮤(송동민 역) • 7,000원
2. 『십자가와 보좌 사이: 요한계시록』 • 매튜 에머슨(김광남 역) • 7,000원
3. 『신비를 엿보다: 다니엘』 • 바바라 륭 라이(송동민 역) • 7,000원
4. 『무대 뒤에 계신 하나님: 에스더』 • 웨인 바크후이젠(송동민 역) • 8,000원
5. 『왕을 버리다: 사사기』 • 데이비드 벨드먼(김광남 역) • 8,000원
6. 『기도의 심장: 누가복음』 • 크레이그 바르톨로뮤(송동민 역) • 8,000원
7. 『소외된 이들의 하나님: 룻기』 • 캐롤린 C. 제임스(이여진 역) • 9,000원
8. 『함께 세상으로: 사도행전』 • 마이클 와겐맨(이여진 역) • 8,000원

▌ 영적 성장

1. 『요한계시록 40일 묵상 여행』 • 이필찬 • 12,000원
2. 『365 힐링 묵상』 • 류호준 • 14,000원
3. 『복음과 생명』 • 서형섭 • 21,000원
4. 『마르바 던의 위로』 • 마르바 던(김병국 역) • 14,000원
5. 『고귀한 시간 낭비 '예배'』 • 마르바 던(김병국, 전의우 역) • 9,000원
6. 『말씀 앞에 서는 용기: 구약 인물의 실패에서 배우다』 • 한주원 • 12,000원
7. 『다시 시작하는, 엄마 수업』 • 하재성 • 15,000원
8. 『우울증, 슬픔과 함께 온 하나님의 선물』 • 하재성 • 14,000원
9. 『강박적인 그리스도인』 • 하재성 • 14,000원
10. 『5가지 친밀한 관계』 • 레스 & 레슬리 패럿(서원희 역) • 13,500원
11. 『하이 콜링』 • 모리스 로버츠(황영철 역) • 13,000원

memo

memo